La collection « en question » est dirigée
par Jean Yves Collette

LA RÉVOLUTION INTERNET
EN QUESTION

DU MÊME AUTEUR

Changer de société. Déclin du nationalisme, crise culturelle, alternatives sociales au Québec (direction de l'ouvrage, en collaboration avec Pierre Vallières), Montréal, Québec-Amérique, 1982.

L'Informatisation : mutation technique, changement de société ? (direction du numéro), *Sociologie et sociétés*, vol. XVI, n° 1, Montréal, Presses de l'Université de Montréal, 1984.

Vivre avec l'ordinateur. Les usagers de la micro-informatique (direction de l'ouvrage), Montréal, Éditions G. Vermette, 1988.

L'Explosion de la communication. La naissance d'une nouvelle idéologie (en collaboration avec Philippe Breton), Paris/Montréal, La Découverte/Boréal, 1989 (édition de poche : Montréal, Boréal compact, 1994 ; Paris, La Découverte/poche, 1996 ; traduit en arabe, espagnol, portugais, russe, vietnamien).

Arguments pour une méthode. Autour d'Edgar Morin (direction du colloque de Cerisy, en collaboration avec Daniel Bougnoux et Jean-Louis LeMoigne), Paris, Seuil, 1990.

L'informazione tramite media (en collaboration avec Philippe Breton, Jean-Marie Charon, François Seligmann), Milan, Jaca Book, 1993.

Une télévision mise aux enchères. Programmations, programmes, publics (en collaboration avec Michèle Martin), Sainte-Foy, Télé-Université, Presses de l'Université du Québec, 1995.

Accusé de réception. Le téléspectateur construit par les sciences sociales (direction de l'ouvrage), Québec/Paris, Presses de l'Université Laval/L'Harmattan, 1998.

Vers une citoyenneté simulée. Médias, réseaux et mondialisation (direction de l'ouvrage, en collaboration avec André Vitalis), Rennes, Apogée (diffusion PUF), 1999.

Les Promesses du cyberespace. Médiations, pratiques et pouvoirs à l'heure de la communication électronique (direction du numéro en collaboration avec Thierry Bardini), *Sociologie et sociétés*, vol. XXXII, n° 2, Montréal, Presses de l'Université de Montréal, 2000.

L'Explosion de la communication à l'aube du XXIᵉ siècle (en collaboration avec Philippe Breton), Paris/Montréal, La Découverte/Boréal, 2002.

Internet, nouvel espace citoyen ? (direction de l'ouvrage, en collaboration avec Francis Jauréguiberry), Paris, L'Harmattan, coll. « Logiques sociales », 2002.

SERGE PROULX

LA RÉVOLUTION INTERNET EN QUESTION

QUÉBEC AMÉRIQUE

Données de catalogage avant publication (Canada)

Proulx, Serge

La Révolution Internet en question

(En question ; 5e)

Comprend des réf. bibliogr.

ISBN 2-7644-0270-8

1. Internet. 2. Internet – aspect social.
I. Titre. II. Collection : En question (Montréal, Québec) ; 5e.

TK5105.875.I57P76 2004 004.67'8 C2003-940756-X

Nous reconnaissons l'aide financière du gouvernement du Canada par l'entremise du Programme d'aide au développement de l'industrie de l'édition (PADIÉ) pour nos activités d'édition.

Gouvernement du Québec – Programme de crédit d'impôt pour l'édition de livres – Gestion SODEC.

Le Conseil des Arts | The Canada Council
du Canada | for the Arts

Québec

Les éditions Québec Amérique bénéficient du programme de subvention globale du Conseil des arts du Canada. Elles tiennent également à remercier la SODEC pour son appui financier.

Révision linguistique : Diane Martin et Monique Thouin
Maquette de couverture : Isabelle Lépine
Documents de couverture : Québec Amérique International
Mise en pages : Jean Yves Collette

Québec Amérique
329, rue de la Commune Ouest, 3ᵉ étage
Montréal (Québec) H2Y 2E1

Téléphone : (514) 499-3000
Télécopieur : (514) 499-3010

www.quebec-amerique.com

INTRODUCTION

Depuis l'invention du *World Wide Web*, dans la première moitié de la décennie 1990, le phénomène Internet fait partie de notre quotidien. Pourquoi est-ce utile de porter aujourd'hui un regard sociologique sur ce phénomène ?

D'abord imaginée dans les milieux militaires et universitaires aux États-Unis, au cours des années 1970, l'**innovation** Internet a vraiment pénétré l'univers quotidien pendant la décennie 1990. Sa diffusion a été suscitée par des développements logiciels astucieux (comme l'invention du courrier électronique ou celle du *World Wide Web*) et par des avancées dans la technologie des réseaux. Dès lors, Internet s'est installé solidement dans l'économie et dans les entreprises ; il fait aussi irruption dans la vie quotidienne d'un grand nombre de personnes et modifie petit à petit la manière de s'informer, de communiquer, de consommer, de travailler et de se divertir.

Pendant les années 1980, l'avènement des **technologies de l'information et de la communication** (TIC) avait suscité beaucoup d'intérêt parmi les industriels du matériel informatique *(hardware)*, chez les concepteurs de logiciels, auprès des politiciens et de plusieurs éducateurs.

Internet a suscité un engouement chez des politiciens et a fait surgir chez eux l'idée de transformer les relations que l'État entretient avec les citoyens. D'autres y ont vu

Innovation

Internet agit comme innovation, car c'est un catalyseur de changements sociaux, économiques et culturels. Internet est le symbole de la société irriguée par des réseaux numériques de communication.

Technologies de l'information et de la communication

Ensemble comprenant la câblodistribution, le magnétoscope, la diffusion par satellite, le vidéotex, la télématique, la téléphonie mobile, Internet et les supports numériques destinés à la création multimédia.

l'occasion d'une vaste modernisation de la gestion étatique par un usage systématique des réseaux de communication. Internet paraît être, pour plusieurs décideurs, le nouvel instrument de coordination politique et de coopération entre les ministères et les agences publiques.

Le micro-ordinateur est devenu l'objet emblématique de cette période de changements suscités par la technologie. Des essayistes sociaux ou futurologues (**Masuda, Nora** et **Minc, Servan-Schreiber**) n'ont pas raté l'occasion d'investir symboliquement ces nouvelles technologies d'un pouvoir de transformation sociale démesuré. Ils prolongeaient ainsi le discours prophétique de Marshall **McLuhan**, formulé dès 1968 et annonçant l'instauration du « village planétaire » à l'ère des technologies électriques de communication.

Les technologies de l'information et de la communication ont constitué en quelque sorte l'infrastructure qui a permis, selon plusieurs observateurs de la scène médiatique, l'accomplissement de la prophétie de McLuhan. Plus récemment, des commentateurs ont fait valoir que la pensée de Marshall McLuhan était sans doute plus actuelle et plus pertinente pour les années 1990 qu'elle pouvait l'avoir été au moment de la publication de son essai.

Comme le signale **Dery**, le magazine *Wired* – magazine américain vite devenu la référence principale des adeptes des nouvelles technologies – a fait de McLuhan son oracle, sa figure mythique dès son premier numéro, en 1993. Celui-ci s'ouvrait en effet sur une citation de McLuhan tirée de son livre *The Medium is the Massage* : « *Electric technology is reshaping and restructuring patterns of social interdependence and every aspect of our personal life.* » (La technologie électrique restructure les formes du lien social et chaque dimension de notre vie personnelle.)

Yoneji **Masuda**, *The Information Society as Post-Industrial Society*, Tokyo, Institute for the Information Society, 1980.

Simon **Nora** et Alain **Minc**, *L'Informatisation de la société*, Paris, La Documentation française, 1978.

Jean-Jacques **Servan-Schreiber**, *Le Défi mondial*, Paris, Fayard, 1980.

Marshall **McLuhan** et Quentin Fiore, *War and Peace in the Global Village*, New York, Bantam Book, 1968.

Daniel J. **Czitrom**, *Media and the American Mind. From Morse to McLuhan*, Chapel Hill, University of North Carolina Press, 1982.

Mark **Dery**, « McLuhan through the Rearview Mirror », *Educom Review*, 30 (6), 1995.

Les discours prospectifs et spéculatifs des penseurs des nouvelles technologies de la communication peuvent être considérés à juste titre comme utopiques (**Lévy**). Ils associent en effet la dissémination des technologies de l'information et de la communication à la réalisation du rêve d'une cité idéale où régnerait une harmonie entre les humains. Cette vie communautaire et bienheureuse serait suscitée par le nouveau régime de communication universelle et transparente apporté par la diffusion systématique des nouvelles technologies. Imprégnée d'un fort déterminisme technique, cette position utopique recèle en même temps une dimension idéologique qui se fonde sur une croyance inconsidérée dans « l'idéologie du progrès », c'est-à-dire le fait de penser que les avancées de la science et de la technologie conduisent nécessairement et toujours à un progrès pour la société ou pour l'humanité. Les horreurs commises tout au long du XXᵉ siècle, tragédies historiques dont l'avènement s'appuyait en partie sur des avancées en matière de science et de technologie militaire, obligent à être prudents.

Dans ce contexte de prolifération des discours utopiques et idéologiques associés aux technologies de l'information et de la communication, plusieurs essayistes sociaux et des journalistes ont parlé de l'arrivée d'une nouvelle révolution sociale et technologique. Selon **Alvin Toffler**, par exemple, nous serions même à l'aube d'une « troisième révolution industrielle ». Nous serions ainsi, au début du XXIᵉ siècle, devant la « Révolution Internet ». Il s'agirait d'une révolution du point de vue de la liberté d'expression ; cette révolution signifierait un déplacement du contrôle social, qui passerait des institutions vers les individus (**Shapiro**). Enfin, d'autres observateurs perçoivent dans l'emprise d'Internet les indices d'une transformation des structures

Pierre **Lévy**,
*World philosophie.
Le marché, le cyberespace,
la conscience,*
Paris, Odile Jacob, 2000.

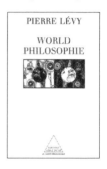

Alvin **Toffler**,
La Troisième Vague,
Paris, Denoël, 1980.

Andrew L. **Shapiro**,
*The Control Revolution.
How the Internet is
Putting Individuals in
Charge and Changing
the World We Know,*
New York, PublicAffairs,
Perseus Books Group,
1999.

Martin **Carnoy**,
*Dans quel monde
vivons-nous ? Le travail,
la famille et le lien social
à l'ère de l'information,*
Paris, Fayard, 2001.

de nos sociétés, qu'il s'agisse de la nature de nos rapports d'échange économique ou même de notre conception du temps et de l'espace.

L'objectif de cet ouvrage* est d'opposer aux discours utopiques et idéologiques une approche sociologique informée par les travaux classiques s'intéressant aux relations entre technique et société (philosophie, anthropologie et sociologie) autant que par les enquêtes récentes en sciences sociales décrivant les usages effectifs d'Internet par les individus et les groupes.

Adopter une approche ouverte permet de demeurer sensible aux transformations suscitées par l'avènement du formidable dispositif de communication qu'est Internet. C'est pourquoi, tout en proposant une critique pertinente des discours utopiques, il faut reconnaître qu'Internet constitue un symbole fort dans l'imaginaire social contemporain, en même temps qu'un vecteur puissant d'innovation dans l'organisation de la société. Après le passage de l'utopie, il faudra repérer les traces laissées dans l'organisation sociale par cette prétendue « Révolution Internet ». S'agit-il de transformations majeures de la société ou sommes-nous, encore une fois, mystifiés par les illusions d'une idéologie portée par la technique ?

* L'auteur remercie Guillaume Latzko-Toth pour ses remarques éditoriales et Anne Bonvin, du Groupe de recherche sur les usages et cultures médiatiques (GRM), qui l'a aidé à sérier la documentation abondante rassemblée pour cet ouvrage.

Première partie

L'INVENTION D'INTERNET

Contexte de la guerre froide – Informatique interactive
Commutation par paquets – Réseau Arpanet
Élargissement de l'implantation géographique
Protocoles de communication – Rôle des militaires
Invention du *World Wide Web* – Succès d'Internet

Comment Internet a-t-il vu le jour ? Dans quel contexte social et historique le « réseau des réseaux » a-t-il été inventé ?

L'invention d'Internet intervient dans le climat de rivalité politique entre superpuissances qui caractérise la période de la guerre froide (1946-1991), pendant laquelle s'affrontaient deux systèmes idéologiques, le communisme et le capitalisme. Le lancement par les Soviétiques, le 4 octobre 1957, du premier satellite artificiel, le *Spoutnik I*, constitue en quelque sorte l'élément déclencheur. Alors que les Américains sont convaincus de leur supériorité scientifique et militaire, ne voilà-t-il pas que les Soviétiques marquent un premier point dans la course à la conquête de l'espace. Les Américains se sentent humiliés. Le président Dwight D. **Eisenhower** ordonne une révision en profondeur de la politique scientifique et de l'organisation de la défense des États-Unis. Au début de 1958, le gouvernement américain crée une direction unique pour encadrer les programmes de recherche scientifique touchant le secteur de la défense : c'est la naissance de l'Advanced Research Projects Agency (ARPA), qui est dotée d'un premier budget impressionnant de cinq cent vingt millions de dollars et que l'on installe dans les locaux du Pentagone.

**Dwight D. Eisenhower
(1890-1969)**

Président des États-Unis, de 1952 à 1960.

Source : National Portrait Gallery, Smithsonian Institute.

**Joseph C. R. Licklider
(1915-1990)**

Psychoacousticien formé
au Massachusetts Institute
of Technology (MIT) et
fasciné par l'informatique.

On pourra consulter :
M. Mitchell Waldrop,
*The Dream Machine.
J. C. R. Licklider and the
Revolution that Made
Computing Personal,*
New York, Viking, 2001.

Le rôle de l'ARPA consiste à mettre en œuvre des projets de recherche et à financer le travail d'équipes aussi bien universitaires que privées. Quelques mois plus tard, on décide de confier à une agence civile, la National Aeronautics and Space Administration (NASA), le développement de l'exploration spatiale. La mission de l'ARPA est recentrée. L'agence se consacrera désormais uniquement aux recherches de pointe concernant l'informatique, la haute technologie et le traitement de l'information. En 1962, la direction de l'ARPA crée un département dont la mission sera de développer ce que l'on nomme déjà « l'informatique distribuée », ainsi qu'un programme de recherche consacré aux interactions humain-machine. C'est l'Information Processing Techniques Office (IPTO). Son premier directeur sera Joseph **Licklider**, qui travaillait jusqu'alors à Cambridge, au Massachusetts, pour la firme Bolt, Beranek & Newman (BBN), entreprise qui jouera un rôle important dans le développement des routeurs, maillon vital de l'établissement des réseaux.

L'informatique a été inventée au début des années 1940 – le premier ordinateur date de 1945 – et joue un rôle important dans la communauté scientifique et dans les grandes entreprises dès 1950. Au début de la décennie suivante, où en est le développement de l'informatique ?

À cette époque, l'informatique effectue un virage important. Les ingénieurs inventent les premiers miniordinateurs, par exemple le PDP-1, construit par la société Digital Equipment Corporation. Ces ordinateurs puissants mais de la taille d'un réfrigérateur – un gabarit qui tranche tout de même avec les ordinateurs précédents qui occupaient des pièces ou parfois des étages entiers – sont munis d'un clavier et d'un écran qui permettent de visualiser les résultats des opérations en temps réel et d'interagir avec l'ordinateur. C'est le début de l'ère de l'« informatique interactive ». Joseph Licklider, premier directeur de l'IPTO, est en phase avec ces développements. Aujourd'hui, il apparaît comme un visionnaire. En 1960, il avait publié sur la symbiose humain-machine un article remarqué dans lequel il évoquait l'idée d'un dialogue entre l'humain et l'ordinateur. En 1962, juste avant de prendre la direction de l'IPTO, dans un texte écrit avec Wesley Clark, il imagine l'avènement d'une informatique conviviale où les ordinateurs reliés en réseau seraient à la disposition d'usagers toujours plus nombreux.

Dans le cas du développement d'une innovation technique, les visions faisant appel à l'imaginaire sont nécessaires, mais elles doivent se combiner à des avancées sur le plan technique. Entre 1961 et 1967, dans leurs laboratoires aux États-Unis et en Angleterre, des ingénieurs en télécommunication et des experts en informatique améliorent considérablement les processus de transmission « point à point ». Les premières transmissions analogiques ont été développées dans le contexte de la téléphonie. Jusque-là, la technique de la « commutation de circuit » occasionnait une perte considérable de ressources car, au moment de sa transmission, le message occupait l'ensemble de la ligne. Des progrès importants adviennent avec la mise au point de la « commutation par paquets », où les messages sont découpés en « paquets » et adressés séparément, de sorte qu'ils circulent sur les réseaux de manière simultanée mais indépendante.

Bibliographie

Trois ouvrages essentiels sur l'histoire d'Internet :

John Naughton, *A Brief History of the Future. The Origins of the Internet*, Londres, Weidenfeld & Nicolson, 1999.

Janet Abbate, *Inventing the Internet*, Cambridge (Mass.), MIT Press, 1999.

Michael Hauben et Ronda Hauben, *Netizens. On the History and Impact of Usenet and the Internet*, Los Alamitos, Californie, IEEE Computer Society Press, 1997.

Consulter aussi : *Tout savoir sur Internet*, *Science & Vie*, édition spéciale, Paris, 2000.

La technique de la « commutation par paquets » va jouer un rôle décisif, mais y a-t-il une autre percée technique importante qui favorisera le développement d'Internet ?

En 1964, l'ARPA finance des expériences de communication à distance entre deux ordinateurs (situés respectivement à Cambridge, au Massachusetts, et à Santa Monica, en Californie), expérimentations jugées positives. C'est une étape importante pour montrer l'éventuelle viabilité d'un réseau. Mais, plutôt que l'architecture de réseau centralisé habituelle à l'époque, Paul Baran, de la Rand Corporation – un *think tank* associé à l'autorité militaire américaine – imagine une « architecture distribuée », innovation technique décisive, constituée d'un maillage d'ordinateurs reliés entre eux de manière non hiérarchique. Chaque ordinateur du réseau peut agir comme relais dans le processus de transmission. Le terreau est prêt pour que l'on s'attelle à la mise au point du premier maillage pour relier des ordinateurs situés sur la côte ouest des États-Unis avec des ordinateurs situés sur la côte est, de même que dans l'Utah. En 1966, Robert Taylor, alors directeur d'IPTO, suscite la constitution

Think tank

Entreprises qui pratiquent la prospective et l'expérimentation technique appliquées à des questions suggérées par les militaires, les gouvernements et les entreprises privées. Première *think tank*, le Rand Project est né en 1945 d'un contrat accordé par l'armée de l'air américaine à la Douglas Aircraft. La Rand Corporation devient indépendante de la Douglas en 1948.

Voir :
Paul Dickson,
Think Tanks,
New York, Ballantine Books, 1972.

Le réseau Arpanet en 1970.

d'une équipe qui aura pour mission principale de créer un réseau de communication entre ordinateurs fondé sur une architecture distribuée et utilisant la technique de la commutation par paquets. Les travaux de cette équipe aboutiront à l'invention d'Arpanet (qui ne prend cette appellation qu'en octobre 1967). Le réseau de l'ARPA allait devenir l'ancêtre d'Internet.

Qu'est-ce que le réseau Arpanet ? Quels sont les principaux acteurs qui constituent ce réseau initial de l'ARPA ? Comment Arpanet devient-il l'ancêtre du réseau Internet ?

Le chef du projet qui deviendra Arpanet, Lawrence Roberts, cherche à attirer des équipes déjà subventionnées par l'ARPA pour constituer le groupe initial de chercheurs qui seront à la base du réseau. Il invite dix-neuf équipes à Ann Harbor (Michigan), en avril 1967, et leur présente son projet de construction d'un « réseau coopératif d'ordinateurs fonctionnant en temps partagé ». Les équipes, habituées à se concurrencer, marquent d'abord des réticences à l'idée de coopérer. Devant le constat d'une incompatibilité de communication appréhendée entre les gros ordinateurs, il émerge de cette réunion une idée qui va s'avérer fructueuse pour le développement du réseau. L'idée consiste à intercaler des miniordinateurs qui agiront comme relais de transmission entre les gros ordinateurs. On les baptisera *Interface Message Processors* (IMP). En juillet 1968, le Pentagone propose à plus de cent quarante firmes de haute technologie de lui soumettre des projets d'IMP. Le contrat sera accordé à Bolt, Beranek & Newman (BBN), de Boston, et des prototypes seront livrés, à partir de septembre 1968, aux quatre équipes choisies pour constituer le noyau initial d'Arpanet :

Bibliographie

Au sujet des débuts d'Internet, on pourra consulter :

Katie Hafner et Matthew Lyon, *Where Wizards Stay Up Late. The Origins of the Internet*, New York, Simon & Schuster, 1966.

Steve Crocker

Auteur du premier
Request for Comments
(RFC), envoyé par la poste
le 7 avril 1969.
Ce « RFC-1 » décrivait
les conditions logicielles
élémentaires d'une
communication machine-
machine *(handshake)*.

l'Université de Californie à Los Angeles (UCLA), le Stanford Research Institute, l'Université de Californie à Santa Barbara (UCSB) et l'Université d'Utah.

C'est à Steve **Crocker** de l'UCLA qu'est confiée la tâche de développer un logiciel pour assurer la communication entre les gros ordinateurs des équipes de recherche et les IMP. Il s'associera, pour la programmation du nouveau protocole, à deux autres doctorants qui deviendront bientôt des figures majeures de la mise en place d'Internet, Vinton Cerf et Jon Postel. Steve Crocker participe au premier groupe de travail placé sous la direction d'Elmer Shapiro, chercheur de Stanford – le Network Working Group (NWG) – chargé de coordonner l'élaboration des premiers protocoles de communication. Un mode de fonctionnement très coopératif caractérisera le travail des premiers artisans d'Internet. Ainsi, en 1969, ils inventent une publication d'un nouveau type appelée *Request for Comments* (RFC) – dont la traduction littérale serait « demande de commentaires » – textes au contenu plus ou moins technique que les pionniers s'échangent librement. Les premiers RFC sont des documents papier ; ils circuleront ensuite sous forme électronique lorsque les premiers forums de discussion seront constitués. Ils deviennent dès lors une partie intégrante de la culture de collaboration et de coopération qui va marquer et symboliser le développement initial d'Arpanet.

À partir de 1969, le réseau Arpanet peut être considéré comme opérationnel. Dans quelles directions les pionniers d'Internet orientent-ils alors leurs efforts ?

La fiabilité technique et l'élargissement de l'implantation géographique sont l'objet des efforts des pionniers. Une première version d'un protocole de communication est rédigée par Crocker, Cerf et Postel, en 1970, et devient bientôt le *Network Control Protocol* (NCP). En octobre 1972, à l'occasion d'une conférence internationale à Washington, Lawrence Roberts organise une démonstration publique du réseau Arpanet, qui compte alors vingt-neuf nœuds. Entre-temps, l'ARPA se rattache directement au ministère de la Défense des États-Unis et devient la DARPA. La même année, Vinton Cerf fonde l'International Network Working Group (INWG) qui se donne pour mission d'ouvrir le réseau hors des frontières. En même temps, au sein de la DARPA, Bob Khan devient responsable du projet *Internetting*. Sa tâche principale : la création d'un protocole universel de communication qui permettra d'établir des passerelles entre différents réseaux n'ayant pas les mêmes caractéristiques techniques, par exemple entre le réseau Alohanet qui fonctionne sur ondes radio et Arpanet.

BBN installe le premier équipement réseau IMP (basé sur un mini-ordinateur **Honeywell 516** avec 12 kilo-octets de mémoire vive *[ram]*), à l'UCLA, et le premier ordinateur (XDS SIGMA 7) y est connecté.

Un ordinateur (XDS 940) de l'équipe de Douglas C. Engelbart, du Stanford Research Institute, est alors relié par une liaison à 50 kilobits/seconde. Les premières données sont échangées entre ces machines.

Peu après, un ordinateur (IBM 360/75) situé à l'Université de Californie à Santa Barbara et un autre (DEC PDP-10) situé à l'Université de l'Utah, à Salt Lake City, sont raccordés. Le réseau Arpanet initial, constitué de quatre ordinateurs, est en fonctionnement à la fin de 1969.

Le Honeywell 516 avec ses 12 kilo-octets de mémoire vive !

Comment s'effectua l'interconnexion entre les premiers réseaux américains et les réseaux d'autres pays, et en particulier ceux de l'Europe?

Les premiers pas vers la mondialisation du réseau ont eu lieu avec la création, en 1972, de l'International Network Working Group (INWG) dans lequel Vinton Cerf joua un rôle clé. Le développement international du réseau qui deviendra Internet va connaître trois phases successives :

a) Les années des pionniers d'Arpanet (1967-1985). Les artisans expérimentent « les premières internet », c'est-à-dire les interconnexions réussies de l'Arpanet à d'autres réseaux en Europe, notamment avec le Royaume-Uni. Le 1er janvier 1983, lorsque Arpanet adopte le standard TCP/IP, cela favorise les interconnexions au-delà des frontières nationales. Arpanet laissera ensuite l'initiative au NSFNet, et, finalement, disparaîtra en 1990.

b) À partir de 1985, la National Science Foundation (NSF) prend progressivement le contrôle de la construction de l'infrastructure d'Internet – c'est-à-dire un réseau de superordinateurs constituant l'épine dorsale appelée *backbone*. Le projet de la NSF est de favoriser la connexion entre les communautés de scientifiques des divers pays occidentaux et, éventuellement, asiatiques. La deuxième phase de développement est marquée par une volonté d'interconnexions entre Américains et Européens. En 1982, EUNet se met en place et relie le Royaume-Uni, la Hollande, le Danemark et la Suède à Internet. D'autres pays européens et asiatiques (le Japon surtout) se relieront aussi. Serge Courrier signale que, durant la seule année 1988, le

Serge **Courrier**, « 1983-1989 : la multiplication des réseaux », dans *Tout savoir sur Internet, Science & Vie*, édition spéciale, Paris, 2000.

Canada, le Danemark, la Finlande, la France, l'Islande, la Norvège et la Suède se relient à Internet. Ensuite, NSFNet s'accroît au rythme d'une dizaine de nouvelles adhésions par année. C'est en 1995 que la NSF arrête de subventionner Internet.

c) Le début de la commercialisation du réseau, en 1995, constitue une date charnière qui coïncide avec l'expansion vertigineuse de la Toile. Le contrôle du développement d'Internet est l'objet d'une lutte entre les artisans des deux générations précédentes, qui représentent les intérêts des universités et des milieux de la recherche, et les milieux du commerce et des affaires qui cherchent à mettre la main sur le réseau. La tension exprime aussi l'opposition entre deux visions du monde : la vision d'un humanisme universitaire contre la vision libérale du « tout au marché ».

La programmation des protocoles de communication constitue un maillon essentiel dans la construction du réseau Internet. Quels en sont les modèles fondamentaux ?

En décembre 1974, le protocole imaginé par Khan voit le jour, consigné dans un texte rédigé par Bob Khan et Vinton Cerf et intitulé *Specification of Internet Transmission Control Program* (TCP). Les premières expérimentations de communication entre réseaux à l'échelle internationale (États-Unis et Angleterre) s'effectuent en 1975. Le « réseau des réseaux » est en train de naître ; déjà, l'appellation « Internet » circule et équivaut à la contraction sémantique de *Internet working of computers*. On scinde bientôt le protocole TCP *(Transmission Control Protocol)* en deux entités distinctes : d'une part,

IP *(Internet Protocol)*, consacré à l'adressage des paquets; d'autre part, TCP (devenu *Transfer Control Protocol*), dédié au contrôle du processus de transmission.

C'est en 1977 que Cerf et Kahn réussiront à démontrer grandeur nature une interconnexion de type Internet. Les protocoles fondamentaux liés aux diverses applications d'Internet : contrôle à distance d'un ordinateur (Telnet), transfert de fichiers de données (FTP), protocoles pour les forums de discussion, pour le courrier électronique, etc., surgissent et se stabilisent progressivement après cette date. En 1983, Arpanet adopte le protocole TCP/IP. Consciente des dangers de contamination entre réseaux, la direction militaire de l'Agence des communications de défense (DCA) – dont dépend la Darpa depuis 1975 – décide de diviser Arpanet afin d'isoler la partie militaire du réseau – qui devient Milnet, un réseau de communication strictement militaire. Cette décision annonce la fin éventuelle d'Arpanet (1990) et la naissance réelle d'Internet.

Comment définir le rôle des militaires et du gouvernement américain dans la genèse d'Internet ?

IPTO

Créé en 1962, l'Information Processing Techniques Office est l'un des départements de l'ARPA. Il a pour mission de développer l'informatique distribuée, le design d'interfaces humain-machine et les réseaux.

Le développement d'Arpanet montre le rôle crucial joué par l'Advanced Research Projects Agency (ARPA). Et n'eût été la détermination des responsables successifs de l'**IPTO** – en particulier, la ténacité et le dynamisme de Robert Taylor et son influence sur Lawrence Roberts – le réseau n'aurait certainement pas connu les mêmes conditions de développement. Si les militaires et le gouvernement américain ont joué un rôle important dans le développement du réseau Arpanet, qui a constitué le premier noyau d'Internet, leur encadrement a été relativement flou et assez peu directif.

L'ARPA souhaitait la mise en réseau des ordinateurs des principales équipes de recherche qu'elle subventionnait, mais l'agence gouvernementale, complètement passée sous le contrôle du ministère de la Défense en 1975, n'a jamais cherché à orienter le développement du réseau à des fins proprement militaires. Arpanet n'a jamais été un secret d'État. Le ministère de la Défense s'intéressait au développement des technologies de réseau dans la mesure où, pour des responsables de l'armée, tout développement technologique ou scientifique peut avoir, tôt ou tard, des débouchés utiles pour les militaires.

Les analyses de l'historienne Janet **Abbate** montrent qu'à cause de son encadrement initialement militaire le design même du réseau – la séquence des choix techniques constituant son architecture – recèle des valeurs portées par l'autorité militaire, comme la stabilité du système, sa flexibilité et sa capacité à réaliser de hautes performances techniques. Par contre, si le réseau avait d'abord été imaginé par des marchands, nous aurions sans doute eu affaire à un dispositif technique marqué par des valeurs comme la simplicité d'usage, le caractère attrayant du dispositif ou le faible coût d'utilisation. En même temps, il est important de souligner que ce sont essentiellement des universitaires qui ont développé le réseau Arpanet. Leurs choix techniques, par conséquent, ont été marqués par des valeurs appartenant à leur culture organisationnelle : la collégialité mais aussi la compétition, l'idée d'une autorité décentralisée et non hiérarchique, et un système ouvert orienté vers l'échange d'information et la coopération.

Par ailleurs, il apparaît nécessaire d'écarter un malentendu historique que l'on véhicule encore de nos jours au sujet du rôle des militaires dans la conception du réseau. Quand Paul Baran – qui travaillait à la Rand Corporation

Janet **Abbate**,
Inventing the Internet,
Cambridge (Mass.),
MIT Press, 1999.

Bibliographie

Manuel Castells,
La Galaxie Internet,
Paris, Fayard, 2001.

Patrice Flichy,
L'Imaginaire d'Internet,
Paris, La Découverte,
2001.

mais qui ne faisait pas partie de l'équipe responsable du développement d'Arpanet – caressait l'idée d'une « architecture distribuée », il est exact qu'il imaginait alors un réseau militaire, « sans centre », pouvant selon lui atténuer les conséquences d'une attaque atomique sur le territoire américain. Cette idée n'ayant pas été retenue par les militaires et le projet de Baran ne connut pas de suite.

Toutefois, l'idée d'une « architecture distribuée » est reprise par les chercheurs d'Arpanet. Ce choix n'avait rien à voir avec le projet de Baran ; il s'agissait d'un choix qui s'harmonisait mieux à l'esprit de liberté et d'échange pratiqué dans les milieux universitaires qu'avec la manie du secret associée à tous les projets militaires. En fait, quand les autorités militaires américaines saisiront toute la pertinence du développement de ces technologies – surtout en ce qui concerne le design des réseaux de transmission de l'information dans les situations d'urgence – elles créeront le réseau Milnet qui leur sera exclusivement dédié.

Pendant les années 1980, plusieurs nouveaux réseaux apparaissent. À côté du réseau propre à la NASA et de celui du ministère de l'Énergie, qui étaient déjà là, on crée le réseau Bitnet pour la distribution du courrier électronique en 1981. La même année, la National Science Foundation (NSF) établit son propre réseau, le NSFNet, qui, au fil des ans, en raison de ses importantes capacités de transmission, réussira à relier l'ensemble de la communauté scientifique américaine et, finalement, toute la communauté scientifique internationale au moyen d'une passerelle avec le réseau universitaire européen (EARN). À partir de 1985, la plupart des réseaux propres aux communautés scientifiques des différents pays se connectent progressivement au NSFNet.

C'est ensuite le World Wide Web qui transformera complètement, surtout à partir de 1995, la dynamique de développement d'Internet.

Pourquoi l'arrivée du World Wide Web paraît-elle si importante pour la diffusion d'Internet ? D'où vient cette Toile tissée de plusieurs milliards de documents reliés les uns aux autres par des hyperliens et dont le répertoire global s'accroît au rythme de plus d'un million de pages par jour ?

Le World Wide Web a transformé profondément les pratiques culturelles des internautes en matière d'accès à l'information et de recherche de documents numérisés de toutes sortes : écrits, visuels ou sonores, fixes ou animés. La Toile est d'abord l'invention logicielle d'un physicien anglais, Tim **Berners-Lee**, qui, travaillant au Centre d'étude et de recherche nucléaire (CERN) de Genève, cherchait un moyen de garder la trace des documents informatiques qu'il consultait et de tisser des liens entre eux. Depuis quelques décennies déjà, certains prédécesseurs, premiers artisans ou inspirateurs de la construction d'Internet, évoquaient la pertinence de tisser des liens entre les documents stockés dans les mémoires informatiques, qu'il s'agisse de Vannevar Bush qui, en 1945, évoquait le premier l'idée de relier les documents informatiques, ou de Douglas Engelbart* qui, en 1960, développa le premier système de navigation, ou de Ted Nelson qui utilisa, dès 1965, le mot « hypertexte ». Les programmes que Tim Berners-Lee écrivit avec l'aide de Robert Cailliau – lui aussi au CERN de 1990 à 1994 – donnèrent naissance à un premier serveur Web et à un premier navigateur. Au sein d'un forum de discussion, en août 1991, Berners-Lee, ayant adopté l'esprit de liberté et de

http://

Ce sigle signifie « hypertext transfer protocol » ou « hypertext transport protocol ». Il s'agit d'un standard technique qui permet l'adressage des messages et la gestion des transactions sur la Toile, entre les logiciels clients installés sur les ordinateurs des internautes et les serveurs où sont stockées les pages Web.

Tim **Berners-Lee**, *Weaving the Web. The Original Design and Ultimate Destiny of the World Wide Web by its Inventor*, New York, HarperBusiness, 2000.

* Un livre essentiel sur la contribution de Douglas Engelbart :

Thierry Bardini, *Bootstrapping. Douglas Engelbart, Coevolution, and the Origins of Personal Computing*, Stanford, Stanford University Press, 2000.

générosité des artisans d'Internet, offrit gratuitement ses logiciels à télécharger. Cette stratégie de diffusion des programmes conduisit à de rapides développements logiciels et à une effervescence dans la communauté des adeptes de l'informatique qui donneront naissance à la Toile.

Ainsi, en 1993, une version du logiciel – appelée alors **Mosaic** – fut donnée aux usagers de la micro-informatique. En 1994, Netscape Communications vit le jour et diffusa la première version de son Navigator. Pour sa part, Microsoft offrit la première version de l'Internet Explorer en 1995. Avec la diffusion rapide de ces deux navigateurs, c'est l'implantation du Web qui est assurée en même temps que se produit un grand bond en avant dans la diffusion d'Internet. Un nouvel espace médiatique, un nouvel espace public de diffusion de l'information, de publication et de communication est instauré. Des millions de documents sont mis à la disposition des internautes ; ils sont reliés par des hyperliens préétablis ou suscités par l'action des moteurs de recherche, mais apparaissent aussi au hasard des multiples trajectoires personnelles de recherche des internautes.

La présence du World Wide Web conduit certains penseurs utopiques à souhaiter que cette immense Toile puisse constituer une sorte de « noosphère », pour reprendre le mot du théologien Pierre Teilhard de Chardin. Ces penseurs évoquent un nouveau type d'espace mental constitué du réseau mondial de toutes les intelligences s'exprimant sur le Web ; celles-ci débouchent sur un point oméga correspondant à l'atteinte d'une harmonie universelle (Pierre **Lévy**). Encore une fois, le climat d'euphorie intellectuelle suscité par la diffusion de la nouveauté technique favorise l'émergence d'un discours utopique empreint parfois d'une certaine religiosité. Ce contexte amènera Philippe

Mosaic

Premier navigateur, Mosaic fut conçu en 1993 par Marc Andreessen et Eric Bina qui travaillaient alors au National Center for Supercomputing Applications (NCSA) à l'Université de l'Illinois, à Urbana-Champaign.

Marc Andreessen

Le concepteur de Mosaic fut également le cofondateur de Netscape.

Photo : Netscape Corp.

Pierre **Lévy**,
*World philosophie.
Le marché, le cyberespace,
la conscience,*
Paris, Odile Jacob, 2000.

Breton à dire que nous serions devant l'émergence d'un « culte de l'Internet ».

On observe que la courbe de diffusion de l'innovation Internet dans le grand public est plus accentuée que celles d'innovations précédentes, qu'il s'agisse du téléphone, de la radio ou de la télévision. Comment expliquer le succès d'Internet ?

Internet a été façonné par ses usagers qui ont toujours été prêts à inventer de nouvelles manières d'utiliser l'infrastructure qui se mettait progressivement en place. L'avènement d'Internet coïncide avec une redéfinition des usages de l'ordinateur. Internet ajoute un usage communicationnel à cette machine vue jusque-là essentiellement comme une machine à calculer. Une majorité d'Occidentaux ont déjà banalisé (depuis les années 1980) cet usage de l'ordinateur qui efface les frontières géographiques entre les interlocuteurs et assure une permanence dans les interactions par le recours au temps différé dans la communication. Internet emprunte les technologies numériques, ce qui donne un rôle central à l'ordinateur dans le développement des dispositifs de communication médiatisée.

Les concepteurs d'Arpanet ne pensaient pas inventer un nouveau média de communication interpersonnelle. Ils souhaitaient favoriser le travail de programmeurs qui, eux, désiraient faire fonctionner des ordinateurs à distance. Il a fallu plus de trois décennies de recherches et d'expérimentations pour aboutir au dispositif complexe que nous connaissons aujourd'hui. En plus des pionniers, de nombreuses contributions furent sollicitées des entreprises de téléphonie et de télécommunication, des serveurs et des

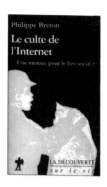

Philippe **Breton**, *Le Culte de l'Internet. Une menace pour le lien social ?*, Paris, La Découverte, 2000.

Le 10 mars 1876, le premier téléphone, inventé par l'Américain Graham Bell, transmet cette phrase historique : « Monsieur Watson, veuillez venir dans mon bureau, je vous prie. » Mais ce n'est qu'au début du XXe siècle, aux États-Unis, que cette invention envahira les bureaux, puis les foyers.

Source : *Mémoire du monde des origines à l'an 2000.* Paris, Larousse, 1997.

Au début du XXᵉ siècle, c'est la télégraphie sans fil (TSF) qui, en parvenant à transmettre de façon parfaitement audible la parole humaine, puis la musique, a inventé la radio.

C'est en Grande-Bretagne que la télévision a vécu ses premiers moments. Dès 1936, la British Broadcasting Corporation (BBC) diffuse douze heures de programme par semaine au public anglais qui a pu s'équiper d'un récepteur.

Source :
Mémoire du monde des origines à l'an 2000.
Paris, Larousse, 1997.

firmes spécialisées dans les produits de réseau, des organismes chargés de la normalisation technique à l'échelle internationale, des instances de gestion technique et politique du réseau. L'avènement d'Internet a donné lieu à de nouvelles associations entre les protagonistes, à des collaborations comme à des luttes de concurrence pour le contrôle du réseau. Avec le développement du Web et l'ouverture à la commercialisation, à partir des années 1990, Internet traverse une période de turbulences marquée par la logique des marchands qui cherchent à envahir le Web.

Assisterons-nous à un contrôle resserré d'Internet par de puissants groupes d'intervenants ou à une fragmentation des pratiques parmi les diverses communautés d'usagers ?

La clé du succès d'Internet tient à l'importance qui, dès le départ, a été accordée aux usagers dans le développement du réseau. Le courrier électronique et le Web, deux des utilisations principales d'Internet, ont été imaginés par des usagers qui les ont mis à la disposition de l'ensemble des internautes. Les logiciels se sont ensuite perfectionnés grâce aux commentaires des milliers d'internautes, qui ont explicité dans des forums les difficultés qu'ils éprouvaient dans l'utilisation de ces logiciels et leurs suggestions pour les améliorer, mettant ainsi en pratique la logique de coopération et d'échange qui caractérise aujourd'hui la culture du logiciel libre.

Le succès d'Internet s'est construit dans la rencontre d'un dispositif flexible et de l'esprit d'innovation présent chez ses usagers, novices ou experts ; le succès d'Internet est rendu visible par l'accroissement fabuleux de son taux d'accessibilité, en particulier chez les jeunes, et par le développement exponentiel des pages et des sites sur la Toile.

Cet apparent succès conduit toutefois à une série de questions que l'on ne peut s'empêcher de formuler. S'agit-il d'un succès strictement commercial ? Internet deviendra-t-il progressivement inféodé aux grands médias ? Le Web deviendra-t-il lui-même un média de masse – en ce sens qu'il serait progressivement délesté de ses capacités interactives au profit de la *push technology*, c'est-à-dire une logique dominée par l'offre au détriment de la demande sociale des usagers ordinaires ? La Toile ne sera-t-elle rien de plus, au bout du compte, qu'un système de diffusion de masse d'un nouveau genre, système particulièrement pernicieux parce que très sophistiqué en matière de ciblage ? Derrière ces questions, se profile un enjeu social important : La commercialisation du Web conduira-t-elle à une régression des idéaux de liberté et de coopération qui étaient à l'honneur dans la culture organisationnelle des inventeurs d'Internet ?

Push technology

Applications logicielles permettant, à l'initiative des fournisseurs plutôt qu'en raison d'une demande des usagers, la livraison (par courriel ou sur la Toile) d'informations ou de publicités spécifiques. Ce type de stratégie commerciale a débuté aux États-Unis vers 1996.

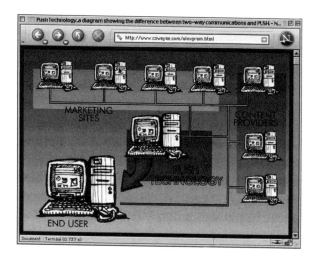

Graphique montrant une transmission dite *push technology*.

GLOSSAIRE

Avatar : Représentation textuelle ou visuelle d'un usager participant à un échange (jeu interactif) dans un environnement fictif virtuel (voir « MUD » et « MOO »). Derrière certains avatars on peut trouver des robots *(bots)* qui peuvent eux-mêmes participer à l'échange et agir entre eux. L'avatar visuel peut prendre la forme d'une personne, d'un objet, d'un animal. L'avatar textuel est généralement appelé « pseudonyme » *(nickname)*.

Blogue *(weblog)* : Site empruntant la forme d'un journal personnel public contenant les réflexions de l'auteur et aussi des adresses *(url)* pouvant désigner d'autres sites pertinents relativement à la thématique du site.

***Chat*, clavardage, bavardoir** : Le terme *chat* désigne d'abord une conversation en temps réel par brefs messages écrits (d'où le néologisme *clavardage*, combinaison de clavier et de bavardage) entre deux ou plusieurs interactants (humains ou robots). Par extension, un *chat* désigne un site Internet (Web, IRC, etc.) dédié au clavardage ; en français, on parle alors d'un *bavardoir*, lequel comporte souvent plusieurs espaces de conversation distincts, appelés salons, au sein desquels se déroulent les conversations proprement dites. Les participants d'un salon de clavardage ont la possibilité de s'adresser des messages privés (invisibles pour les autres), voire de créer leur propre salon. Certains logiciels de messageries instantanées, de partage de fichiers de pair à pair et certains jeux en réseau permettent aussi de clavarder.

Collecticiel *(groupware)* : Application logicielle destinée à favoriser le travail en groupe. Elle peut contenir, par exemple, un agenda commun, un mode d'échange et d'annotation de documents, une base commune de données, l'accès à un site Web et la possibilité d'y intervenir. Les activités de collaboration et de coordination favorisées par un collecticiel prennent parfois le nom de « collaboratique ».

Communauté virtuelle : Cette expression désigne le lien d'appartenance qui se constitue parmi les membres d'un forum, d'un *chat* ou d'une liste de discussion, ces participants partageant des goûts, des intérêts ou des objectifs communs.

Cookie : Voir « fichier témoin ».

Copyleft : Voir « logiciel libre ».

Courrier électronique (ou courriel) : Système permettant aux usagers d'Internet (ou d'un intranet) d'envoyer et de recevoir des messages électroniques. Les usagers utilisent alors un logiciel de gestion de courriel.

Cyberespace *(cyberspace)* : Espace de transactions sociales et symboliques constitué par l'ensemble des interactions en ligne des différents usagers d'Internet. La métaphore a été formulée pour la première fois, en 1984, par William Gibson dans son roman de science-fiction, *Neuromancer.*

Fichier témoin *(cookie)* : Fichier logiciel minuscule déposé dans l'ordinateur de l'usager de certains sites et qui permet au fournisseur de compiler des informations au sujet de l'usager (préférences, pages visitées, nom d'usager, mot de passe).

Fournisseur d'accès : Entreprise proposant aux particuliers et aux entreprises des abonnements, payants ou gratuits, pour se connecter au réseau. La connexion se fera à vitesse ordinaire (inférieure à 56,6 kilobits/seconde, soit la vitesse maximale permise par une transmission téléphonique standard) ou à haut débit (de l'ordre d'un mégabit/seconde, par une connexion téléphonique modifiée de type ADSL ou par la câblodistribution).

Fureteur *(browser)* : Voir « Navigateur ».

Hacker : Passionné d'informatique, adepte de prouesses techniques (comme celle de découvrir et de corriger les bogues d'un logiciel). À la différence du *cracker* (délinquant ou pirate informatique) – souvent confondu avec le premier par les médias – le *hacker* prétend posséder une éthique du partage et de la liberté.

HTML (hypertext markup language) : Langage informatique utilisé pour représenter les contenus d'une page hypertexte. Langage le plus utilisé pour la création des pages Web.

Hyperlien : Liaison entre deux documents Web situés ou non sur le même site. Cette liaison est activée par un simple clic sur le nom du document.

Hypertexte : Document (texte, son, image, etc.) écrit de manière non séquentielle. Il contient des hyperliens et peut être lu de façon non linéaire. Le lecteur d'un hypertexte navigue parmi des fragments reliés par des hyperliens. L'hypertexte est le fondement de l'organisation textuelle de la Toile.

Intranet : Réseau fonctionnant à la manière d'Internet mais se limitant à une organisation (entreprise ou réseau d'entreprises). L'accès à un intranet est protégé et suppose l'utilisation de mots de passe.

Liste de diffusion, forum de discussion : Lieu d'expression collective situé soit chez un serveur de courriel (liste) soit sur un site de la Toile ou du réseau Usenet (forum) et qui permet l'échange de messages en temps différé entre internautes, chaque abonné recevant l'ensemble des messages envoyés par les autres abonnés et pouvant y répondre. Dans certains forums, seuls les usagers inscrits et identifiés par un mot de passe peuvent envoyer un message (ce qui vise à prévenir les abus).

Logiciel client : Programme informatique fonctionnant généralement à partir d'un ordinateur branché à un réseau et qui offre, par le biais d'une interaction logicielle avec un autre programme situé chez un serveur, un service spécifique à l'usager (navigateur, courrier électronique, moteur de recherche, etc.).

Logiciel libre : Logiciel dont le code source (ensemble des lignes de programmation) est rendu disponible à ses usagers qui sont encouragés, en retour, à proposer des améliorations et à les offrir à l'ensemble de la communauté du logiciel libre. De nombreux usagers se conforment aux principes du *copyleft,* système de libération des droits, défini par Richard Stallman et la *Free Software Foundation,* qui stipule que les usagers peuvent modifier le code source des logiciels à la condition qu'ils accordent le même droit aux autres usagers à l'égard de leurs propres modifications.

MOO (multi-user object-oriented spaces) : Voir aussi : « MUD ». Alors que le MUD est constitué d'un environnement strictement textuel, le MOO est un MUD « orienté objet » (au sens informatique), c'est-à-dire que les participants peuvent construire ou enrichir eux-mêmes l'univers dans lequel ils évoluent en utilisant un langage informatique précodé. Les joueurs peuvent, par exemple, ajouter une nouvelle salle, créer un animal qui interagit avec les autres avatars, etc.

Moteur de recherche : Site permettant à l'usager d'interroger ses bases de données, notamment à partir de mots clés, pour trouver l'information, les biens ou les services qu'il recherche. Exemples : *yahoo.com ; google.com.*

MUD *(multi-user domain ou multi-user dungeon)* : Jeu de rôle se déroulant dans un environnement peuplé d'avatars. Jeu virtuel dérivé du jeu *Donjons et dragons* popularisé au début des années 1980 en Amérique du Nord. Plusieurs participants jouent à échanger des messages simultanément dans le même environnement. Des avatars les représentent.

Navigateur *(browser)* : Logiciel client permettant la lecture des pages Web. Exemples : *Netscape Navigator; Microsoft Explorer.*

Navigation *(surfing)* : Métaphore maritime décrivant les parcours plus ou moins zigzagants des usagers de la Toile qui passent, grâce aux hyperliens, d'un site à l'autre au hasard de leurs recherches, de leurs envies et de leurs découvertes.

Octet *(byte)* : Séquence de huit « bits » *(binary digit)*, ce dernier correspondant au signal élémentaire en informatique (présence ou absence de l'impulsion : 0 ou 1). L'octet est la plus petite unité de mesure de la taille des mémoires informatiques. On parle ainsi de Mégaoctet (Mo) pour désigner la quantité équivalant à un million d'octets.

Page Web : Fichier pouvant contenir du texte, des sons ou des images (animées ou non), le plus souvent écrit en langage html, consultable sur la Toile.

Portail : Site Web qui propose à l'usager une série d'adresses (hyperliens), de moteurs de recherche et de services pour accéder à d'autres sites. Un portail peut être organisé autour d'une thématique particulière. Il peut faire voir aussi des bandeaux publicitaires aux usagers visiteurs.

Pourriel *(spam)* : Messages non sollicités envoyés à une liste d'adresses d'internautes. Il peut s'agir de publicités, de sollicitations financières (le plus souvent frauduleuses), d'invitations à visiter des sites pornographiques, etc. Des logiciels existent pour contrer (avec une efficacité relative) ce genre d'envois ; certains États ont entrepris de légiférer à son sujet.

Site Web : Situé dans le *World Wide Web,* un site particulier – constitué d'un ensemble de pages Web – donne accès à des informations (site de contenu) ou à des biens ou services (site commercial, dit transactionnel).

Serveur Web : Ordinateur dans lequel les fichiers d'un ou de plusieurs sites Web sont stockés et demeurent consultables sur la Toile par l'intermédiaire d'un navigateur.

TCP/IP (transmission control protocol/internet protocol) : Protocoles de base d'Internet permettant les connexions entre les différents réseaux et les différents sites. IP concerne plus spécifiquement l'adressage alors que TCP concerne le transport de l'information par paquets.

Toile : Voir « World Wide Web ».

URL (uniform resource locator) : Adresse électronique respectant un format normalisé (typiquement : protocole/hôte/chemin d'accès) qui permet de reconnaître tout type de site Internet, que ce soit une page Web, une adresse de courrier électronique, un espace de stockage de fichiers (FTP), un forum Usenet ou un service Telnet. La plupart du temps, le format URL est utilisé pour localiser une page Web ou la page d'accueil d'un site (exemple : http://www.site.com), si bien que, par défaut, les navigateurs sont conçus pour ajouter automatiquement le préfixe « http:// » à un URL ne spécifiant pas de protocole (exemple : www.site.com).

Usenet (users network) : Système de plus de 20 000 forums de discussion ayant recours à un protocole de réseau spécifique à Unix (UUCP) et qui était donc, à l'origine, distinct d'Internet. Il s'agit de l'un des réseaux pionniers mis en place par les usagers du système Unix qui désiraient partager des solutions à leurs problèmes.

Webmestre : Personne chargée de l'entretien et de l'administration générale d'un site Web. Elle peut aussi susciter, dans certains cas, une animation auprès des visiteurs du site.

World Wide Web (ou Toile) : Ensemble de toutes les unités d'information accessibles aux usagers d'ordinateurs connectés à Internet et utilisant un navigateur. Les éléments d'information sont identifiés par une adresse spécifique (URL). La Toile permet, en recourant à des langages informatiques comme le HTML ou grâce à des logiciels spécialisés, la publication et la consultation de fichiers de textes, de sons, d'images (animées ou non), stockés sur des sites accessibles par tout internaute qui navigue sur la Toile.

Sources : « L'Internet », *Cahiers français*, n° 295, Paris, La Documentation française, 2000 ; T. Berners-Lee, *Weaving the Web*, New York, HarperBusiness, 2000 ; M. Hauben et R. Hauben, *Netizen. On the History and Impact of Usenet and the Internet*, Los Alamitos, Californie, IEEE Computer Society Press, 1997 ; M. Lister et autres, *New Media : A Critical Introduction*, Londres, Routledge, 2003 ; J. Naughton, *A Brief History of the Future. The Origins of the Internet*, Londres, Weidenfeld & Nicolson, 1999.

Deuxième partie

INTERNET EST-IL PLUS QU'UN NOUVEAU MÉDIA ?

Qu'entend-on au juste par « Internet » ?
Représentations diversifiées du phénomène – Internet
du point de vue de la communication – Internet
par rapport aux anciens médias – Internet est-il un
nouveau média de masse ? – Plus qu'un nouveau média ?

**La presse et les autres médias nous parlent fréquemment
de l'un ou de l'autre des aspects du phénomène Internet.
Comment nous y reconnaître devant cette masse d'informations au sujet du « réseau des réseaux » ? Le terme
« Internet » renvoie-t-il en même temps à plusieurs types
d'activités ? Qu'entend-on au juste par « Internet » ?**

Les observateurs utilisent fréquemment l'expression « réseau
des réseaux » pour décrire Internet, mettant ainsi en relief
l'idée d'une interconnexion qui relie de multiples réseaux.
L'architecture d'Internet prend la forme d'un dispositif qui
combine principalement :

- un ensemble de *protocoles de communication* qui assurent
  l'adressage et la transmission des messages entre les serveurs,
  les micro-ordinateurs et les autres relais informationnels ;
- des *routeurs* assurant l'aiguillage et le transfert des signaux
  entre les réseaux ; ils s'appuient sur une infrastructure
  de superordinateurs (épine dorsale : *backbone*) ;
- l'utilisation de multiples *réseaux techniques* – qui font
  passer les messages par voie terrestre (lignes téléphoniques, câbles, fibres optiques) ou aérienne (ondes
  hertziennes, micro-ondes, satellites) – assurant une

télécommunication distribuée et une information trans-
mise par *paquets* ;

* de multiples *points d'accès* au mégaréseau (ces points
d'accès étaient, à l'origine, surtout des micro-ordinateurs,
mais, de plus en plus, on aura accès à Internet à l'aide
de supports multiples tels que le combiné téléphonique, le téléviseur muni d'un modem, une console de
jeu vidéo, une télécommande).

Internet peut être utilisé à plusieurs fins : courriel ; listes
de diffusion ou forums de discussion ; bavardage en ligne
en temps réel (de type *Instant Messaging System* [IMS] ou
Internet Relay Chat [IRC] ou autres protocoles de *chat*) ;
production de pages (personnelles ou commerciales) sur le
World Wide Web ; navigation sur le World Wide Web, les
pages étant reliées par des liens hypertextuels, regroupées
sur des sites dont certains se présentent comme des portails
ou des blogues ; recherche d'informations au moyen des
moteurs de recherche et de la consultation de bases de données ; activités de quasi-création littéraire mettant en scène
des avatars qui se rencontrent dans des lieux fictifs virtuels
(mud) ; transfert de fichiers numériques (textes, musiques,
images) et de logiciels ; diffusion et production en réseau
de créations médiatiques interactives ; participation en réseau à des jeux vidéo interactifs ; distribution et échange
en ligne de biens et de services (commerce électronique) ; expérimentation en éducation à distance (téléapprentissage) ;
télémédecine ; travail de coopération en réseau s'appuyant
sur des dispositifs de communication médiatisée par ordinateur (collaboratique) ; etc.

Or, ces usages s'entrecroisent et s'interpénètrent, ce qui
amène à identifier Internet à un supermédia ou à un plurimédia, encore que cette appellation pourrait induire en

erreur en désignant Internet trop exclusivement dans sa fonction communicationnelle. Or, trois autres fonctions décrivent des activités que l'on peut trouver sur Internet : diffusion d'information ; coordination des actions (auto-coordination personnelle au moyen d'un agenda en ligne autant que coordination organisationnelle par l'usage de collecticiels, c'est-à-dire des applications logicielles favori-sant le travail en groupe) ; activités de coopération en réseau (travail, jeu).

Pourquoi avons-nous des représentations si diversifiées du phénomène Internet ? Ces représentations particulières – et parfois même divergentes – peuvent-elles affecter notre manière d'en faire usage ?

Internet recouvre des activités hétérogènes suscitant des représentations individuelles et sociales très diversifiées, représentations qui varient selon les groupes (internautes novices ou avertis, grand public, universitaires, commer-çants, entreprises). L'ergonomie cognitive – qui s'intéresse à la qualité de la relation s'établissant entre les humains et les machines – a mis de l'avant le concept de « modèle mental » (ou de « carte mentale ») pour définir la représentation subjective qu'un utilisateur se donne plus ou moins cons-ciemment de l'objet technique qu'il essaie d'apprivoiser. Le « modèle mental » qu'un utilisateur se fait d'Internet varie grandement d'un individu à l'autre. S'agit-il, par exemple, d'un système centralisé ou décentralisé ? facilitant ou non la communication interpersonnelle entre ses usagers ? dont le mode d'utilisation est facile ou difficile à maîtriser ?

La représentation subjective est fonction de la connais-sance qu'une personne a d'Internet et de ses possibilités, de même que d'une disposition que certains individus ont développée à l'égard de l'univers des objets techniques et qui pourrait être appelé « culture technique ». Des personnes, par exemple, éprouvent un sentiment de peur devant les objets techniques, comme d'autres ont une peur à l'égard des mathématiques. Les qualités, les capacités, les possibilités qu'une personne attribuera mentalement à un objet technique conditionneront sa manière d'apprivoiser concrètement l'objet. Plus l'usager sera *a priori* convaincu qu'Internet peut l'aider de diverses façons, plus il y aura de chances que cet utilisateur voie ses attentes comblées. En d'autres mots, il y a un va-et-vient continuel et dynamique entre les modèles mentaux que les personnes se donnent et les usages qu'elles développent effectivement. L'investissement imaginaire suscité par un dispositif technique joue un rôle déterminant dans les stratégies d'appropriation du dispositif qu'une personne met en branle.

Comment peut-on distinguer Internet des autres moyens de communication ? Apporte-t-il une originalité du point de vue de la communication ?

Internet peut assurément être considéré comme un nouveau moyen de communication, puisqu'il en a toutes les caractéristiques. Internet non seulement agit comme un support technique permettant la transmission de messages, mais il constitue aussi un espace d'expression et de communication (appelé cyberespace) permettant la production, la publication et la recherche d'informations à une échelle mondiale. Internet mobilise simultanément les ressources de l'écrit, de l'image, du son, de l'audiovisuel et fait émerger des manières spécifiques d'entrer en contact avec les autres.

Le « réseau des réseaux » est un dispositif social et technique qui a rendu possibles plusieurs nouvelles manières de communiquer.

Le courrier électronique (courriel) constitue la première modalité de communication avec Internet. Il fait surgir un mode d'action interpersonnelle spécifique, une communication de type épistolaire souvent rédigée dans le style de la langue parlée. L'utilisation du courrier électronique demeure encore l'usage le plus répandu. C'est un mode de communication qui permet aux interlocuteurs d'écrire et d'envoyer des messages très rapidement, au gré de leurs désirs et impulsions. Si les destinataires sont connectés au moment où les messages sont expédiés, les expéditeurs peuvent recevoir une réponse très rapidement, ce qui rend possible une relation épistolaire soutenue, composée d'une séquence de plusieurs interactions, même dans l'espace d'une journée. Le rythme d'écriture marqué par l'immédiateté, le ton intime qu'il est possible d'adopter dans les échanges, le caractère disparate des messages (privés, publics, formels, informels, sérieux, drôles ou ironiques) qu'une même personne peut écrire en un court laps de temps, les multiples écarts quant aux conventions d'écriture (laisser-aller orthographique et typographique), tout cela manifeste une nouvelle manière de communiquer rapidement par l'écrit. L'usage du courriel rend aussi possibles les échanges en « temps différé », puisqu'un internaute pourra prendre ses messages auprès de son serveur et y répondre à toute heure du jour ou de la nuit.

À ces interactions en duo, s'ajoute la possibilité d'une communication écrite instantanée et simultanée vers un groupe de destinataires, modalité qui facilite la coordination des activités au sein d'un groupe d'interlocuteurs. La grande facilité du courriel a permis de redécouvrir la

Bibliographie

John Naughton, *A Brief History of the Future. The Origins of the Internet*, Londres, Weidenfeld & Nicolson, 1999.

relation épistolaire. Il n'est plus nécessaire de rédiger son message sur du papier, de le mettre dans une enveloppe, de l'adresser, d'y apposer un timbre, d'aller le porter dans la boîte aux lettres puis... d'attendre avant que le répondant soit devant notre message. Toutes ces opérations sont évitées ; tout se passe immédiatement à l'écran ; il n'y a pas nécessité de produire un artefact matériel du message à l'écran ; tout est strictement « informationnel », certains diraient « virtuel ». Il suffit d'utiliser les commandes automatiques offertes par le logiciel de gestion des courriels ; encore faut-il ne pas confondre la commande « répondre » *(reply)* avec la commande « faire suivre » *(forward)* – ou la commande « envoyer » *(send)* avec la commande « envoyer à tous » *(send to all)* – geste qui pourrait s'avérer compromettant. Quel internaute n'a pas un jour fait une fausse manœuvre qui l'a mis dans de beaux draps face à certains de ses interlocuteurs ! Par ailleurs, le courrier électronique, utilisé en complémentarité avec des collecticiels, facilite les activités de coopération et la coordination des tâches dans un contexte de travail réalisé au sein et à l'extérieur des intranets, c'est-à-dire les réseaux internes des entreprises, connectés ou non à Internet.

La deuxième modalité de communication avec Internet met en valeur la facilité avec laquelle un internaute même novice, et par ailleurs socialement anonyme, peut publier à l'échelle de la planète une page personnelle ou un blogue, c'est-à-dire un journal personnel public contenant non seulement ses propres réflexions mais des adresses **URL**, qui désignent d'autres sites portant sur la même thématique que celle de sa page personnelle. L'espace occupé par les blogues fait fi des frontières en même temps qu'il se développe sans injonctions, hors des contraintes éditoriales et commerciales des maisons d'édition ou des entreprises de presse.

URL

Abréviation de *Uniform Resource Locator.* Elle réfère à la séquence de caractères débutant la plupart du temps par « http:// » et identifiant un site ou une page spécifique dans l'espace de la Toile.

Le Web est un espace de recherche et d'échange d'information, un espace de communication qui se développe selon sa logique propre, notamment en fonction des désirs de publication et des trajectoires de recherche des divers utilisateurs, portés par la constellation des hyperliens qui émergent au fur et à mesure de leurs parcours sur la Toile.

Enfin, la troisième modalité de communication d'Internet, c'est l'échange en groupe : les multiples listes de diffusion, bavardoirs *(chats)* et listes ou forums de discussion qui permettent des rencontres, des échanges ou des débats de groupe plus ou moins approfondis, plus ou moins structurés autour de thématiques ou d'intérêts particuliers reliant les interlocuteurs. Ces groupes se constituent ou non en communautés appelées parfois communautés virtuelles. Ils se jouent des distances géographiques qui séparent les interlocuteurs et leurs échanges peuvent se dérouler en temps différé comme en temps réel.

Comment se situe Internet par rapport aux anciens médias ? Doit-on parler de concurrence ou faire valoir une convergence entre eux et le nouveau média ?

En regard des médias traditionnels (presse, radio, cinéma, télévision), de la téléphonie et des télécommunications, qui agissent en complémentarité avec ces supports, Internet implique une transformation importante du paysage médiatique. Internet intègre deux fonctions qui demeuraient jusqu'ici séparées : la télécommunication point à point et la radiodiffusion. La première fonction correspond au domaine de la transmission téléphonique (voix et données), secteur qui s'est grandement développé depuis 1980 et qui est géré par l'industrie de la téléphonie et des télécommunications.

La seconde fonction a trait à la diffusion grand public, domaine privilégié de la mise en ondes *(broadcasting)* sous la responsabilité des grands réseaux de radiotélédiffusion, des firmes de câblodistribution et de distribution de signaux par satellite. Pendant la décennie 1990, un fort mouvement a fait converger ces deux types d'industries. D'un côté, la téléphonie s'est immiscée dans le domaine de la diffusion des émissions de télévision ; de l'autre, les entreprises de distribution de télévision se sont intéressées à la télécommunication point à point. La convergence technologique a été facilitée par la conversion universelle des signaux analogiques vers des **signaux numériques**. Cette situation a engendré une forte concurrence entre les entreprises, laquelle a suscité un appel à leur concentration. Ce mouvement de convergence et de concentration a connu ses limites vers 2000, de sorte que l'on assiste au début du millénaire à une fragmentation relative des grands conglomérats industriels, plusieurs abandonnant les secteurs jugés non rentables ou trop éloignés de leurs créneaux naturels.

Signaux numériques

Avec l'universalité des signaux numériques, les technologies informatiques (qui assurent le traitement de l'information) ont pu se combiner aux technologies de la télécommunication (qui assurent le transport de l'information), ce qui permet une communication efficace entre les machines.

C'est dans ce contexte de convergence technologique que l'on peut situer les transformations du paysage médiatique suscitées par le dispositif Internet. Celui-ci se présente comme une structure intégrant à la fois un système de transmission point à point (courrier électronique) et un système de diffusion médiatique où chaque point de réception a la possibilité de se transformer en un point d'émission et de diffusion. Il est évident que certains points d'émission ont plus de poids que d'autres dans le cyberespace. Des entreprises commerciales importantes, jouissant d'une grande notoriété, ont choisi d'utiliser Internet comme média de diffusion publicitaire. L'expression « *push technology* » est utilisée pour décrire ce qui devient alors un formidable support de messages publicitaires pouvant être orientés vers des publics ciblés, de même qu'un dispositif facilitant la vente à distance.

Ainsi, les industries du commerce électronique prennent progressivement la place des anciennes entreprises de vente par correspondance et de vente par catalogue. De plus, Internet fait émerger, à une échelle insoupçonnée, la mise en place de structures intermédiaires de communication : une communication de groupe instantanée en temps réel *(chats)* ou en temps différé (listes et forums de discussion) qui permet la conversation et le débat entre interlocuteurs réunis sur la base de thématiques partagées ou d'intérêts communs plutôt que sur la base d'une proximité géographique. Internet est un système intégré qui s'incorpore aux anciens modes de communication et de diffusion. Pour ne prendre qu'un exemple, il ouvre à la radio traditionnelle des horizons de diffusion à l'échelle de la planète et rend cette diffusion indépendante des contraintes temporelles.

L'avènement des médias électroniques a fait émerger des formes spécifiques de diffusion de la culture et du divertissement. Les analystes des médias ont beaucoup insisté sur les possibilités et les limites de ces communications de masse. Face à l'invention d'Internet, il est nécessaire de comprendre en quoi ce dispositif médiatique est profondément différent des autres médias.

Les travaux de James **Slevin** et de John B. **Thompson** décrivent les quatre caractéristiques majeures d'un système de communication de masse. En s'inspirant de leurs travaux et en tenant compte qu'Internet, par définition, n'épouse pas la même logique, on pourra se demander jusqu'à quel point Internet peut même être considéré comme un média de masse. Pour chacune des caractéristiques les plus importantes, voyons en quoi Internet est différent.

James **Slevin**, *The Internet and Society*, Cambridge, Polity Press, 2000.

John B. **Thompson**, *The Media and Modernity. A Social Theory of the Media*, Stanford, Stanford University Press, 1995.

Premièrement : l'organisation économique

L'organisation économique des médias de masse repose le plus souvent sur de grandes entreprises qui mettent en jeu des budgets importants pour assurer la production des contenus qui seront diffusés. Les grands réseaux de radio-télédiffusion, par exemple, engagent des sommes énormes dans la production de la moindre émission de télévision, pour laquelle ils doivent recourir à une série d'expertises professionnelles et spécialisées sur les plateaux de production.

Du côté d'Internet, on ne peut nier l'implication de grandes organisations industrielles, en amont du processus, responsables de la mise en place de la formidable infrastructure de réseaux, de logiciels et de protocoles de communication. La conception initiale de l'architecture d'Internet revient à des équipes de chercheurs universitaires travaillant souvent sous contrat avec l'autorité militaro-scientifique des États-Unis. La conception et la distribution des logiciels, la fabrication et la vente des micro-ordinateurs, la gestion des serveurs dépositaires des informations et donnant accès au réseau, le développement et la maintenance des réseaux techniques de transmission font appel aux ressources de nombreuses sociétés.

Toutefois, ce qui est remarquable avec Internet se passe du côté de la production de contenus. Le nouveau dispositif est un système ouvert qui permet à un nombre illimité d'internautes anonymes de publier, à très bas coût, des contenus plus ou moins originaux et de les mettre à la disposition d'un public planétaire. Là encore, une asymétrie évidente existe dans la distribution des moyens de production entre les usagers ordinaires du Web et les firmes spécialisées dans la construction de sites ou d'intranets. Mais l'important est le caractère largement ouvert – certains diraient « démocratique » – du système Internet en ce qui concerne la production des contenus. À la limite, même un élève d'une école primaire peut publier ses productions sur la Toile... et rejoindre – qui sait ? – d'autres élèves d'écoles situées dans d'autres parties du monde.

Deuxièmement : la production et la réception

Dans le contexte d'un média de masse, il existe une séparation étanche entre le pôle de l'émission et celui de la réception. Le flux de la transmission est largement unidirectionnel : ce sont les entreprises de radiotélévision qui sont responsables de la production et de la diffusion des émissions. Le public récepteur n'a que peu de moyens d'intervenir dans le processus de communication, où les produits à consommer sont imposés selon des grilles de programmation. À la limite, les auditeurs et les téléspectateurs peuvent se faire entendre auprès des services à la clientèle des grands réseaux, mais ils ne sont jamais certains de l'impact réel de leurs interventions. En outre, ils manquent de moyens pour communiquer directement avec le public dont ils sont membres (sauf, peut-être, le courrier des lecteurs des quotidiens). Même si des études de réception menées depuis vingt-cinq ans ont montré qu'il existait une véritable « activité » dans la tête des téléspectateurs, qui interprètent et retiennent ce qu'ils veulent bien des contenus offerts par les grands médias, il n'en reste pas moins que le contexte des médias de masse conduit à une situation de monologue du diffuseur que le téléspectateur est sommé d'écouter, à moins de changer de chaîne.

Le dispositif Internet est, par contraste, largement interactif et potentiellement **dialogique**. La séparation entre la production et la réception aurait plutôt tendance à s'affaiblir.

Dialogique

Qui emprunte la forme du dialogue. Ce terme met en relief la dimension de l'échange dans la communication de deux personnes en interaction. Le dialogue entre sujets humains suscité par le dispositif Internet s'oppose au monologue propre au régime des grands médias.

Les usagers d'Internet sont bien plus que des récepteurs ; ils peuvent jouer un rôle actif de producteurs de contenus. Cette prise de responsabilité dans la production entraîne, pour eux, un accroissement de leur contrôle sur le processus de transmission.

Si l'on mesurait l'usage de ce dispositif interactif quant à la prise de parole des citoyens, Internet amènerait potentiellement une augmentation du pouvoir d'intervention des usagers en tant que membres de la société (ce que les Anglo-Saxons appellent l'*empowerment*). Le même dispositif pourrait entrouvrir la porte d'une plus grande participation à la vie politique de la cité. Évidemment, ces interventions pourraient varier selon le degré d'engagement des individus dans le processus, qui devient politique seulement dans certaines conditions. On pourrait imaginer une progression de l'engagement des internautes dans les diverses pratiques d'interactivité, allant d'un degré faible (simple possibilité d'extraire de l'information parmi celles qui sont offertes sur un site donné) à un degré fort de participation (production et publication de contenus originaux et animation d'un site).

Par définition, en raison même de sa structure interactive, le dispositif Internet pourrait entraîner une plus large participation des citoyens aux débats publics que ne le pouvaient jusqu'ici les médias de masse. Il reste à voir si cette potentialité délibérative s'actualisera dans un contexte de développement marqué par la logique commerciale.

Troisièmement : la programmation des contenus

Les médias de masse nous offrent leurs contenus en vertu d'une grille de programmation spécifique, ce qui veut dire qu'une émission donnée ne sera diffusée que dans certaines cases horaires prédéterminées. Il faudra qu'il y ait coïncidence entre la grille d'émissions offertes et le temps encore disponible dans l'horaire quotidien des personnes pour que surgissent des possibilités d'écoute de leurs émissions préférées. La disponibilité des contenus offerts par les réseaux de radiotélédiffusion aux auditeurs et aux téléspectateurs est donc toute relative. Et rares sont ceux qui utilisent systématiquement leur magnétoscope pour déjouer les contraintes de la grille horaire. Le magnétoscope est surtout utilisé pour visionner des vidéo-cassettes. Les grilles de programmation évoluent pourtant. Désormais, les chaînes d'information continue donnent accès en permanence à des informations touchant à l'actualité sociale et politique. Mais il faut aussi signaler les contraintes du « format télévisuel », qui jouent un rôle dans la détermination de ce qui sera retenu pour la diffusion. Ainsi, les éléments d'information non accompagnés de matériel visuel, ou ceux qui sont jugés peu pertinents par les chefs de pupitre (qui se font généralement une représentation tranchée de ce qui sera apprécié par leurs publics), risquent de n'être que peu considérés, sinon rejetés.

Internet propose en revanche une transformation radicale du système de diffusion. La disponibilité des contenus publiés sur le Web est très grande. La communication par Internet transforme le rapport à l'espace-temps. L'internaute est libéré de toute grille spatiale et temporelle qui pourrait limiter son accès à l'information. Les limitations occasionnelles pourront être d'ordre pécuniaire, certains sites exigeant le paiement de droits ou d'un abonnement pour l'obtention de l'accès aux données... mais celui-ci est habituellement libre et gratuit. On assiste à une généralisation des pratiques en temps différé de ceux qui consultent à toute heure du jour et de la nuit des sites dispersés aux divers points du globe.

Les médias généralistes et les nouvelles techniques

« Les médias généralistes et les nouvelles techniques sont complémentaires du point de vue d'une théorie de la communication, car ils renvoient au même modèle, celui de la société individualiste de masse. Chacune des deux techniques insiste sur des dimensions différentes, individuelles pour les nouvelles techniques, collectives pour les médias de masse. Leur rôle est distinct, et la force des médias interactifs est d'être en phase avec le profond mouvement d'individualisation s'appuyant sur la liberté individuelle qui fut pendant des siècles l'horizon de l'émancipation. Mais s'il fallait une hiérarchie, celle-ci se ferait finalement au profit des médias généralistes, car ils contribuent au lien social et à la cohésion culturelle dans des sociétés ouvertes, assez hiérarchisées et inégalitaires. »

Dominique Wolton, *Internet et après ? Une théorie critique des nouveaux médias*,
Paris, Flammarion, 1999.

Quatrièmement : la constitution d'espaces publics

Jürgen Habermas,
L'Espace public,
Paris, Payot, 1978.

Stéphane Haber,
*Jürgen Habermas, une
introduction*, Paris, Pocket/
La Découverte, 2001.

La presse quotidienne et les médias grand public (radio, télévision surtout) ont constitué, au fil des ans, un espace social de représentation (et, parfois, de discussion), une scène publique (sinon un miroir politique) où les principaux acteurs sociaux et politiques interagissent et débattent de questions concernant l'organisation de la Cité. Cet espace médiatique de représentation constitue de nos jours un lieu incontournable pour le pouvoir politique. L'espace médiatique est devenu pratiquement l'espace public, en fait, une pluralité d'espaces publics.

En regard du type idéal qu'avait jadis défini le philosophe Jürgen **Habermas** sous ce vocable, cette médiatisation apporte une détérioration de l'espace public défini idéalement comme le lieu où la société civile tend à se penser elle-même dans sa totalité, ce qui lui permettrait d'accéder à une autonomie relative en tant qu'acteur historique. Il est vrai que la commercialisation à outrance des grands médias et l'accroissement de l'emprise de l'État sur la société sont deux tendances lourdes qui ont empêché une réelle participation de la société civile aux affaires politiques, mais, s'il n'y avait pas cette arène publique de discussion que constituent les grands médias, les débats sociaux et politiques risqueraient de se faire exclusivement derrière les portes closes des officines gouvernementales et des lieux privilégiés et souvent secrets où sont prises les grandes décisions économiques et politiques. Le pouvoir politique serait encore plus opaque.

Les médias de masse obligent, de par leur seule existence, à une publicisation (au moins relative) des enjeux sociaux perçus comme importants par les décideurs économiques et politiques et par les principaux acteurs de la société civile. Le travail de médiation des journalistes et des commentateurs politiques constitue un instrument majeur dans cette publicisation des enjeux de la sphère publique. En proposant la discussion autour de certains enjeux sociaux perçus comme étant les plus chauds, certains essayistes ou journalistes éclairés agissent comme des chiens de garde de la démocratie. Les discussions politiques ayant cours dans les grands médias participent à la formation d'une opinion publique qui n'est pas faite exclusivement de sondages d'opinion. Mais le processus délibératif entretenu par les grands médias a ses limites. Pensons à la tendance à la spécialisation des chaînes de télévision, qui entraîne une fragmentation des publics, définis à partir d'intérêts particuliers. Cette tendance éloigne de larges parts de l'audience des affaires publiques, sujets auxquels nous avait habitués jusqu'ici la télévision généraliste. En même temps, force est de reconnaître que la grande presse et la télévision généraliste continuent de jouer un rôle clé dans le processus de formation de l'opinion publique, en particulier dans les périodes d'élections, ou au moment de référendums, ou en situations de crise.

Le dispositif Internet a fait émerger des conditions qui pourraient transformer le débat public. L'espace social que constitue le cyberespace devient un lieu délibératif, un véritable espace de discussion. Dans les millions de listes et de forums, la société civile peut prendre conscience d'elle-même, se parler, se concilier, se concerter ; c'est ce qu'arrivent à faire les membres les plus actifs de la société civile, les militants, qui coordonnent leurs activités à travers Internet. Les citoyens du monde peuvent se parler. Les audiences passives peuvent se transformer et devenir des publics actifs susceptibles de véhiculer soit la parole citoyenne soit les

---

La réalité des publics est imaginée

« Les audiences de la télévision de masse peuvent se transformer en publics. [...] tout comme celle des audiences, la réalité des publics est une réalité imaginée. Rien d'étonnant à cela. La construction de tout sujet collectif passe par une fiction. Encore faut-il que ce sujet collectif existe. La question est alors de savoir non pas si la réalité des publics est imaginée, mais par qui. »

Daniel Dayan, « Le public comme performance », dans Laurent Gervereau, éd., *Peut-on apprendre à voir ?*, Paris, École nationale supérieure des beaux-arts, 1999.

paroles particulières de groupes constitués autour d'intérêts particuliers dans des communautés d'internautes appelées communautés virtuelles.

On imagine aussi des passerelles et des rencontres entre les différents groupes et collectifs présents sur le réseau. Internet favorise la transmission, d'un contexte vers un autre, des idées, des expériences, des apprentissages. La faculté de penser par analogie n'est évidemment pas le produit de la présence d'Internet. Penser par analogie est une caractéristique de l'intelligence humaine. À l'échelle de l'individu, le processus de comparaison et de transfert transcontextuel est au cœur de son intelligence et de ses capacités à argumenter. À l'échelle des collectifs (groupes et associations), le processus de discussion publique peut favoriser une plus grande démocratisation. Les enjeux sociaux ne sont plus seulement déterminés par les grands médias et les autres décideurs reconnus comme légitimes. Des enjeux différents peuvent être mis de l'avant par des individus, des groupes, des associations ou des réseaux de citoyens, tous acteurs de la société civile présents dans l'espace social et symbolique d'Internet. Par ailleurs, à l'occasion d'événements culturels ou politiques qui portent en eux la capacité de devenir des **événements médiatiques**, la parole publique peut se faire entendre avec des possibilités de résonance dans toute la société, voire à l'échelle planétaire. Ici, les capacités délibératives d'Internet rencontrent la force de diffusion et de persuasion des grands médias. Cette rencontre constitue la grande synergie du nouveau format de l'espace public médiatique en ce début de XXIᵉ siècle.

Événements médiatiques

Événements dont les tenants et aboutissants sont diffusés à l'échelle de la planète par les grands médias. La médiatisation intense suscite des conversations, des discussions ou des échanges. Elle est donc susceptible d'engendrer la constitution de publics à travers une identification des membres autour de fictions particulières émergeant des conversations de ces différentes communautés d'usagers. Les personnes et les collectifs sont alors à la fois spectateurs des événements médiatiques et sujets collectifs se constituant eux-mêmes en publics.

Voir : Daniel Dayan et Elihu Katz, *La Télévision cérémonielle*, Paris, PUF, 1996.

Si Internet ne peut être considéré comme un média de masse, il constitue certainement un média de communication. Mais est-il vraiment plus qu'un « nouveau » média ?

Bibliographie

Lev Manovich,
*The Language
of New Media,*
Cambridge,
Massachusetts,
MIT Press, 2001.

De nombreux travaux de sciences sociales nous proposent une caractérisation du phénomène Internet en le situant dans une chaîne d'évolution des technologies de l'information et de la communication. On définit alors Internet comme un « plurimédia » ou un « supermédia », c'est-à-dire comme un objet communicationnel interactif combinant plusieurs des logiques médiatiques précédentes. Internet est perçu comme étant à l'origine de nouvelles pratiques de communication et de l'invention d'un langage médiatique propre. Internet est défini comme un outil informationnel multimédia prenant place, de façon dynamique, à côté du téléphone, du récepteur de radio ou du téléviseur, du télécopieur, de l'ordinateur. Cette caractérisation n'est pas fausse, mais elle se fonde sur une perspective limitée et réductrice qui ne permet pas de saisir l'ampleur des changements de nature sociologique auxquels Internet est associé de manière privilégiée.

La réalité nous inviterait plutôt à situer l'avènement du phénomène Internet dans la continuité du processus d'informatisation qui caractérise les transformations que subissent les structures des sociétés occidentales depuis plus de deux décennies. Cela permet de soutenir que la diffusion sociale d'Internet participe – en conjonction avec d'autres aspects importants comme la réorganisation sociale du travail – aux processus complexes de transformation des modes de production, de consommation, de communication et d'acquisition des connaissances qui caractérisent les sociétés contemporaines. Internet est une innovation qui peut produire un effet de levier dans l'organisation économique, en particulier, parce que cette innovation peut donner naissance à d'autres technologies et à d'autres manières de faire.

Des caractéristiques induites par l'usage d'Internet transforment les modes d'association et de communication entre les personnes travaillant dans les organisations. Le dispositif facilite notamment les activités de coordination et de coopération au sein des équipes de travail. Ces manières inédites se conjuguent à d'autres facteurs déterminants du changement historique, comme la réorganisation du travail dans les entreprises, l'accélération de la mondialisation des échanges marchands, la transformation des systèmes de prise de décisions politiques à l'échelle mondiale.

Depuis 1980, en Amérique et en Europe d'abord, en Asie aussi – en Afrique, demain, peut-être – nous vivons un moment historique fortement marqué par des transformations structurelles qui modifient l'organisation des sociétés. L'émergence et le développement d'Internet se situent dans un contexte social et historique beaucoup plus vaste que le seul développement des machines à communiquer.

Troisième partie

INTERNET DANS LA SOCIÉTÉ

Technologies numériques et réorganisation des sociétés
Machines cybernétiques – Diffusion accélérée de
l'innovation Internet – Informatisation et société
de l'information – Dispositif de coopération en réseau
Société en réseau – Fracture numérique

Les technologies de l'information et de la communication jouent-elles un rôle dans les changements structurels que connaissent les sociétés occidentales contemporaines ?

Les technologies de l'information et de la communication, et en particulier Internet, sont perçues comme un puissant vecteur d'innovation sociale dans le processus actuel de restructuration des sociétés contemporaines. Les technologies numériques occupent une place centrale dans la réorganisation des modes de production et de consommation. Les décideurs économiques et politiques les utilisent dans leurs stratégies pour transformer en profondeur l'organisation du travail. Tous les secteurs de l'économie sont affectés par ce mouvement de transformation qui a cours depuis 1980. Les micro-ordinateurs, que l'on destinait à un usage domestique, ont progressivement envahi le monde des entreprises, toutes catégories confondues. Ce mouvement de pénétration de l'informatique a trouvé son prolongement dans la diffusion généralisée d'Internet depuis 1995. L'emprise des réseaux et la généralisation des pratiques de communication médiatisée par ordinateur constituent le phénomène le plus récent de ce mouvement d'envahissement numérique de la vie privée comme de la vie publique.

Internet constitue la dernière grande innovation technique de ce mouvement d'informatisation caractérisant les
sociétés occidentales depuis 1975. La réorganisation du mode
de production et de consommation s'appuie sur l'effet combiné d'une transformation de l'organisation du travail et
d'une mobilisation des technologies à base d'information. Il
s'agit donc d'une nouvelle vague d'automatisation des activités humaines. Jadis, au début du XXᵉ siècle, l'établissement
des chaînes de montage avait constitué une première vague
d'automatisation des activités manuelles. Cette fois, il s'agit
d'aider le travail humain (physique et intellectuel) ou, même,
de le remplacer, à l'aide de machines informationnelles.

Qu'entend-on au juste par l'expression « machines infor-mationnelles » ?

Contrairement aux machines mécaniques ou énergétiques,
les machines informationnelles sont cybernétiques, c'est-
à-dire qu'elles s'appuient sur l'information pour fonctionner
dans un environnement. Cette information peut concerner
le comportement de la machine elle-même : dans ce cas,
elle est systématiquement prise en compte par le mécanisme
au fur et à mesure du déroulement de son action. C'est la
rétroaction cybernétique. Ces machines traitent et trans-
mettent l'information sous la forme de symboles (au sens
mathématique). On parle alors du langage « binaire » de la
machine parce que son alphabet ne contient que deux éléments (0 et 1), ce qui se traduit mécaniquement par la
présence ou l'absence d'une impulsion électrique dans le
circuit. Cette information est « agissante » en ce sens qu'elle
participe directement à l'action réelle de la machine. Une
machine cybernétique élémentaire serait, par exemple, un

Computation

Notion informatique empruntée à l'anglais *(computer, computation)*. Transactions internes (échange et traitement de l'information) s'appuyant sur la programmation (enchaînement d'instructions) et le système d'exploitation d'un ordinateur ou d'un ensemble informatique. On distingue le *traitement* de l'information (informatique) du *transport* de l'information (télécommunication).

thermostat relié à un système de chauffage : la fonction du thermostat consiste à prendre la température ambiante et à communiquer cette information au système de chauffage, qui ajuste son comportement en conséquence. L'ordinateur, machine cybernétique complexe maintenant d'usage courant, agit à la fois comme machine à calculer (**computation**) et comme machine à communiquer. La généralisation des machines informationnelles a permis la convergence de l'informatique et de la télécommunication. Le croisement numérique a été le vecteur décisif qui a rendu possible la première vague d'informatisation d'un point de vue technologique.

Les sociétés (surtout occidentales) ont déjà connu des vagues de changements sociaux et culturels suscités par l'émergence d'une nouvelle technologie. Qu'est-ce qui apparaît différent et original dans le cas d'Internet ?

Au-delà des effets de la mode et de la publicité, la diffusion d'Internet apparaît sociologiquement importante. Le rythme de pénétration de cette innovation dans le tissu social est exceptionnellement rapide si on le compare aux vagues antérieures liées à l'émergence d'autres inventions en matière de communication comme le téléphone, la radio ou la télévision. Mais s'agit-il d'une innovation radicalement nouvelle au sens où elle serait porteuse d'une transformation profonde et significative pour l'organisation des sociétés ? La question reste posée. Sommes-nous devant une innovation qui aurait la portée historique et anthropologique de l'invention de la roue ou de celle de l'imprimerie ou, au contraire, s'agit-il d'une découverte à portée limitée qui se rapprocherait plutôt de l'invention de l'automobile ou de la télévision, phénomènes extrêmement importants mais qui n'ont apparemment pas les mêmes conséquences pour le fonctionnement de la société ? Du point de vue de la sociologie, il est aujourd'hui impossible, ne serait-ce qu'en raison du manque de recul historique, de formuler une évaluation qui soit suffisamment sérieuse et argumentée.

Un étonnant mouvement de transformations économiques, sociales, politiques et culturelles est en cours dans les sociétés industrialisées. Il coïncide avec la généralisation des réseaux numériques et avec l'adaptation d'une multitude de ressources humaines et techniques à ces réseaux.

Ce qui paraît original, avec Internet, c'est qu'il provoque l'émergence d'éléments de transformation qui ne concernent pas seulement la communication humaine ou la transmission de l'information. La mise en réseau fait émerger des possibilités inédites dans le secteur des biens et services (commerce électronique), dans celui de la gestion des grands ensembles (cybergouvernement), dans le secteur de l'éducation (téléapprentissage), dans le domaine médical (télémédecine), dans le domaine des arts (art-réseau), autant que dans le secteur plus connu de l'organisation du travail (coordination et collaboration s'appuyant sur l'usage de collecticiels). Internet peut donc s'avérer un facteur important de changement dans la mesure où il s'ajuste à d'autres dimensions que celle de la communication proprement dite.

Internet peut être défini comme une innovation levier pour des pans entiers de l'économie. La mise en réseau des ressources humaines et matérielles constitue un catalyseur de changements dans l'organisation et, éventuellement, dans la productivité de plusieurs secteurs économiques. La portée de cette innovation va bien au-delà du seul secteur des médias et des communications.

Est-il important de faire la distinction entre l'« informatisation » – qui décrit un processus de transformation structurelle des sociétés – et l'expression très répandue de « société de l'information » ? Ces deux notions ne veulent-elles pas dire la même chose ?

Internet est la figure de proue des discours sur l'informatisation des sociétés. Mais, attention ! Il ne faut pas confondre ni amalgamer deux ordres de discours. Le premier porte sur la « société de l'information ». Il s'agit, le plus souvent, d'exposés prospectifs de nature spéculative et utopique. Ainsi, des critiques lucides ont raison de déclarer que « la société de l'information n'existe pas » ; elle n'est qu'une métaphore, un slogan utilisé par les décideurs politiques et économiques qui cherchent à orienter le changement en fonction des objectifs de l'industrie de l'information et de la communication. Le deuxième ordre de discours est analytique et attentif à la nature même des transformations structurelles en cours. C'est le propos d'analystes qui cherchent à caractériser sociologiquement le processus de transformation historique de la société industrielle dans laquelle nous vivons. Il ne fait aucun doute qu'une dimension importante des transformations de la société consiste dans le processus d'automatisation informationnelle du travail humain, par le biais d'une utilisation intensive des technologies de l'information et de la communication. L'informatisation s'avère un concept utile pour décrire la nature essentiellement informationnelle et communicationnelle de ces technologies. Parler d'informatisation, c'est souligner leur rôle capital dans les présentes mutations.

Depuis les années 1940 et la mise au point de la théorie mathématique de la communication, l'information est devenue un concept scientifique. Depuis la Deuxième Guerre mondiale, les sciences de l'information et de la communication ont connu un développement décisif, surtout aux États-Unis, avec la naissance de la cybernétique. Les idées novatrices de la cybernétique équivaudront au coup d'envoi d'une nouvelle manière de penser dans la communauté scientifique aux États-Unis.

Dans le contexte de l'économie d'après-guerre, aux États-Unis de même que dans les pays européens en reconstruction, un mouvement important de transformation de l'organisation industrielle voit le jour. Les vieux principes du taylorisme sont modifiés et absorbés par le fordisme, qui transforme les ouvriers jusqu'ici prolétaires en consommateurs des biens qu'ils contribuent à fabriquer. Cette évolution s'est poursuivie jusqu'au nouveau stade d'automatisation informationnelle du travail, qui a pris son essor à partir de 1980. Dans cette dernière phase, non seulement le travail physique a pu être remplacé par des machines énergétiques mais, en outre, une portion du travail physique et une portion du travail intellectuel ont été remplacées par les machines informationnelles.

Qu'est-ce qui paraît vraiment neuf avec l'arrivée d'Internet comme dispositif social et technique ? Quelle en est la caractéristique essentielle qui amène des observateurs à le considérer comme une innovation « levier » dans la réorganisation de la société ?

Internet suscite la coopération en réseau. Il pourrait être décrit métaphoriquement comme une mégamachine informationnelle et communicationnelle. La mise en réseau

Norbert Wiener, 1894-1964.

Mathématicien américain fondateur de la cybernétique (1948).

La cybernétique est la science de la communication et du contrôle dans les systèmes, vivants ou non vivants, imbriqués et en interaction : une société, un réseau d'ordinateurs, un cerveau, une économie, une cellule, une entreprise, un écosystème... peuvent être considérés comme des systèmes cybernétiques... eux-mêmes définis comme des ensembles en interaction (qui échangent de la matière, de l'énergie ou de l'information).

Bibliographie

Stephen Bertman, *Hyperculture. The Human Cost of Speed*, Westport, Connecticut, Praeger, 1998.

renvoie simultanément à une logique de flux d'information – où l'on assiste à un accroissement exponentiel de la vélocité des mouvements de circulation de l'information – et à une logique d'échange permanent (communication en temps réel comme en différé). D'une manière ou d'une autre, en raison de la mobilisation des technologies de l'information et de la communication, qui sont des technologies de l'instantanéité, nous avons affaire à une accélération des activités. La société traversée par Internet peut être décrite comme une société en réseau et comme une société de la contraction du temps. À la manière du mouvement d'informatisation qui l'a précédée et qui l'englobe, l'innovation Internet semble affecter l'ensemble de l'organisation sociale (travail, consommation, communication, loisirs, vie privée). La dissémination d'Internet est en résonance avec le sentiment – partagé par de nombreux Occidentaux – de toujours manquer de temps. Pour plusieurs, la plus grande carence ressentie n'est pas le manque de ressources matérielles, mais bien le manque de temps pour réaliser ce qu'ils jugent le plus important dans leur vie (moments avec les membres de la famille, repos, loisirs réparateurs).

Dans ce contexte, l'innovation Internet paraît complètement paradoxale : des usagers se l'approprient en pensant qu'elle leur fera gagner du temps alors que, dans les faits, Internet suscite chez eux une valorisation de la vitesse d'exécution des tâches à accomplir. Nous constatons ainsi qu'au moment même où l'innovation paraît être un levier économique (à l'échelle macroscopique) pour la réorganisation des entreprises en réseau, elle concourt simultanément (à l'échelle microscopique) à accroître, chez de nombreux internautes, le sentiment d'un manque de temps. L'avènement de la société en réseau masquerait donc la montée d'un sentiment d'aliénation chez les individus.

L'usage d'Internet encouragerait la performance en milieu de travail ; la rapidité dans l'accomplissement des tâches professionnelles entraînerait leur multiplication ; l'usage d'Internet, par conséquent, pourrait signifier une diminution du temps personnel disponible pour l'internaute. La société irriguée par Internet ne serait pas nécessairement porteuse d'une amélioration sensible de la qualité de la vie.

Bibliographie

Alain Ehrenberg,
*Le Culte de
la performance*,
Paris, Hachette-Pluriel,
1996.

Que veut-on dire quand on parle de l'émergence de la « société en réseau » ?

L'expression « société en réseaux » a été utilisée par le sociologue Manuel **Castells** pour décrire la place de l'information dans la société contemporaine. Il considère que l'information est à l'organisation de la société actuelle ce que l'électricité a été pour l'organisation de la société industrielle. Or, la forme d'organisation propre de la société actuelle, c'est le réseau, défini comme un ensemble de nœuds interconnectés. La forme sociale du réseau est une forme ancienne qui a structuré de nombreuses associations de personnes, en particulier dans le domaine privé.

Manuel **Castells**,
La Société en réseaux,
Paris, Fayard,
1998.

Avec l'avènement d'Internet, la forme sociale du réseau est redécouverte. Elle devient très utile pour repenser l'organisation des entreprises, qui sont appelées à se déployer dans un environnement caractérisé par sa complexité, par la mondialisation et par l'incertitude. La forme réseau, en tant que mode d'organisation, fait appel aux qualités généralement exigées par les activités de coordination et de gestion dans un milieu complexe : flexibilité, adaptabilité, souplesse et rapidité dans la prise de décision, possibilité d'une exécution décentralisée.

Selon Castells, trois processus ont convergé, depuis 1975, pour faire émerger la « société en réseaux » :

a) les besoins de l'économie en ce qui a trait à la gestion flexible et à la mondialisation du capital ;
b) la promotion des valeurs de liberté individuelle et de communication sans entraves ;
c) la convergence technologique de l'informatique et des télécommunications.

L'émergence de la « société en réseaux » correspond à une nouvelle étape dans l'évolution des sociétés industrielles. L'usage d'Internet, dans un grand nombre d'entreprises, fait surgir un potentiel de croissance de la productivité et ouvre la voie, aux yeux de Castells, à l'émergence d'une « nouvelle économie », c'est-à-dire à un système où certaines des modalités économiques sont transformées. Ainsi, l'émergence d'un type particulier de produit, le « bien informationnel », oblige à reconsidérer les règles présidant à l'échange des biens.

Dans le contexte de la mondialisation de l'économie des années 2000, les entreprises se structurent de plus en plus en réseaux flexibles, chacune des unités pouvant être dispersée et éloignée géographiquement. Une entreprise aura, par exemple, son siège social à Genève, son service de comptabilité à Bombay, ses usines de production au Mexique, pendant que ses agences de distribution de produits et de services se trouveront dispersées dans divers pays.

La restructuration accélérée des entreprises transnationales et leur mise en réseaux, suscitée par l'avènement d'Internet et par la grande efficacité de la technologie, sont assurément une transformation économique plus importante que l'avènement très médiatisé du commerce électronique *(e-commerce)*. Le commerce électronique ne serait, pour certains observateurs, qu'une toute petite partie de la transfor-mation en profondeur que le capitalisme mondial a commencé de subir depuis l'arrivée des technologies de l'information.

L'élargissement des pratiques de communication média-tisée par Internet est une autre phase de l'informatisation des sociétés. Le processus est en synergie avec le mouve-ment de mondialisation de la production et celui de la libéralisation des marchés. Le réseau numérique remplit une double fonction au sein des entreprises ; c'est un outil de communication organisationnelle et un dispositif de coordination transnationale des activités. Internet, dispo-sitif flexible, serait à l'organisation des entreprises en réseaux ce que la manufacture, lieu catalyseur de la concentration urbaine de la production, avait été lors de l'avènement de la révolution industrielle.

Internet n'est-il pas un outil réservé aux pays riches ? La diffusion d'Internet ne suit-elle pas les mêmes lignes de clivage observées jusqu'ici dans les rapports de domina-tion du Sud par le Nord ? N'a-t-on pas raison de parler d'une « fracture numérique » ? N'y a-t-il pas, en outre, un clivage numérique au sein même des sociétés nanties ?

Un rapport international fort remarqué, publié en 1999 par le Programme des Nations Unies pour le développement (**PNUD**), faisait ressortir les criantes disparités entre les pays du Nord et ceux du Sud.

Pendant qu'aux États-Unis 26,3 % de la population avait accès à Internet, le taux n'était que de 0,1 % en Afrique subsaharienne et se réduisait à un maigre 0,04 % pour l'Asie du Sud-Est, cette dernière région du globe comptant pour plus du quart de la population mondiale*. Autre constat :

PNUD

Programme des Nations Unies pour le développement, *Rapport 1999*, de Boeck et Larcier, Paris, 1999.

* Internet en Asie du Sud-Est

Il se trouve en même temps, dans cette région, deux pays où Internet se développe avec vigueur : la Corée du Sud et Taïwan.

le prix d'un ordinateur équivaut à environ huit ans de salaire pour un Bangladais, à un mois de salaire pour un Américain. On constate encore que « 80 % des sites Web sont rédigés en anglais, alors qu'une personne sur dix parle anglais dans le monde. » Il s'agit de chiffres au sujet de l'année 1999, et les taux d'accessibilité ont depuis énormément augmenté dans les pays du Nord. Or, ces chiffres ne portent que sur l'accès aux infrastructures, cette dimension constituant le plus fréquent point d'entrée dans la construction des statistiques. Il est aisé d'avancer que la disparité d'accès est devenue plus importante cinq ans plus tard.

Une analyse des inégalités devrait prendre en compte d'autres facteurs comme la disponibilité et la fiabilité de l'équipement, l'état des services d'entretien et de réparation, les conditions d'acquisition des compétences techniques nécessaires pour utiliser l'équipement et maîtriser les protocoles de communication. L'analyse des divers aspects montrerait probablement que l'ensemble de ces inégalités, que l'on nomme aussi « fracture numérique », reposent sur des clivages plus profonds que la simple question de l'accès aux infrastructures.

Une description de la situation de l'ensemble des pays, vue sous l'angle de l'émergence de la société en réseaux, fait ressortir le développement de deux systèmes de communication parallèles. D'un côté, les pays « info-riches », où les revenus personnels moyens, la scolarisation et l'accès à Internet à faible coût et à haut débit sont élevés. De l'autre, les pays « info-pauvres », au faible produit national brut (PNB), aux populations peu scolarisées et où l'accès à Internet est rare, coûteux et instable. Les info-riches sont vingt-trois pays nantis : États-Unis, Canada, pays membres de l'Union européenne, Japon, Australie, Nouvelle-Zélande, Islande, Norvège, Suisse.

Le taux de pénétration des technologies de l'information et de la communication est fort disparate selon que l'on est dans un pays du Nord ou dans un pays du Sud. Cet autre constat, tiré du rapport du PNUD*, montre que « [...] pour envoyer un document de quarante pages de Madagascar à la Côte-d'Ivoire, il faut cinq jours par la poste (75 $), trente minutes par télécopie (45 $) et deux minutes par courrier électronique (moins de 20 ¢). »

*Cité par :
Olivier Nouaillas,
« Quand l'Internet creuse
les inégalités »,
Cahiers français, n° 295,
Paris, 2000.

Fracture numérique

« Les États-Unis et le Canada totalisent 180 millions d'internautes, l'Europe en rassemble 154 millions et l'Asie-Pacifique (y compris l'Australie et la Nouvelle-Zélande) 144 millions, selon des statistiques rassemblées par Le Journal du Net, un site spécialisé. L'Amérique latine ne dépasse pas 15,3 millions d'internautes et l'Afrique 4,15 millions. » [...]

« Selon NetValue, les plus fortes croissances du taux de foyers connectés sont enregistrées à Hong-Kong, devant l'Espagne, la Corée du Sud, la France et Singapour. Les progressions sont beaucoup moins fortes là où les foyers sont les plus équipés, comme au Danemark ou à Taïwan. Les États-Unis accusent même une baisse de 0,2 %. »

« Les autorités chinoises viennent par ailleurs d'annoncer que le nombre d'internautes a atteint fin juin [2002] 45,8 millions, faisant de la Chine le troisième pays le plus connecté dans le monde. Mais, rapporté à la population, le taux de pénétration n'est que de 3,5 %. » [...]

« L'OCDE souligne, dans son rapport 2002 sur les technologies de l'information, que si ‹ la fracture numérique est en train de s'aggraver, [...] on note des écarts particulièrement frappants selon les niveaux de revenu et d'instruction des ménages ›. »

Source : Dépêche de l'Agence France-Presse, Le Devoir, Montréal, 29 juillet 2002.

Bibliographie

Marie Chollet,
*Marchands et citoyens,
la guerre de l'Internet,*
Nantes, L'Atalante, 2001.

Il apparaît nécessaire de démocratiser l'accès à Internet. Plusieurs militants des organismes non gouvernementaux (ONG) souhaitent que cet accès puisse être considéré éventuellement comme un service public au même titre que l'électricité ou le téléphone. Dans plusieurs pays du tiers-monde, où il n'y a souvent ni bibliothèque ni centre de documentation, l'accès à Internet constituerait un atout extraordinaire pour le développement. Internet est un outil intéressant pour accéder à faible coût aux connaissances spécialisées (nécessaires au développement économique et scientifique) et aux résultats des recherches réalisées dans les autres pays.

Bibliographie

Cees J. Hamelink,
The Ethics of Cyberspace,
Londres, Sage, 2000.

Sans consensus pour aider les pays en voie de développement à s'approprier les technologies de l'information et de la communication, la diffusion d'Internet risque d'accroître les inégalités sociales et de fabriquer de nouveaux exclus. On a raison de parler d'une « fracture numérique » *(digital divide)* ; on a vu que des inégalités criantes existaient à l'échelle du monde entre le Nord et le Sud. On observe des clivages semblables, même au sein de sociétés riches comme celle des États-Unis, où l'accès à Internet est plus lent dans le Midwest et le Sud profond.

Des différences s'observent aussi entre les hommes et les femmes, entre les jeunes et les vieux, entre les Blancs et les personnes de couleur. Une ligne de clivage est tracée entre ceux et celles qui pourront mettre à profit leur capital social et s'approprier les nouveaux dispositifs, et ceux et celles qui seront écartés de la jouissance de la valeur ajoutée par l'usage du dispositif. Pensons à ceux et celles, par exemple, dont le travail sera remplacé par des machines dites intelligentes, mais qui n'auront pas ensuite les moyens de contrôler le développement de leur propre vie, soit parce qu'ils n'arriveront pas à se recycler dans un nouveau secteur d'activité, soit parce qu'ils se retrouveront victimes des politiques d'attrition de postes des entreprises.

Encore faut-il rester prudent devant l'expression « fracture numérique » qui peut, à l'occasion, constituer une nouvelle manière d'exprimer le slogan idéologique du « tout technologique ». Le recours à cette notion devient le leitmotiv de ceux qui cherchent à faire coïncider la formulation d'une politique d'accessibilité universelle avec l'idée de l'avènement d'un nouveau type de société – qu'ils qualifient, justement, de « société de l'information ».

Les réseaux commerciaux face à Internet (CompuServe, AOL, Prodigy)

Internet [...] pose un problème pour les réseaux privés : comment se constituer une identité dans cet univers ? Comment retenir sa clientèle dans un périmètre fermé à l'intérieur d'un ensemble intrinsèquement ouvert ? [...] Trois réponses partielles ont été apportées :

1) enfermer l'utilisateur dans son rôle de client en lui offrant un logiciel qui masque en partie le reste d'Internet ;
2) créer un moteur de recherche qui contribue aussi à cet enfermement ;
3) créer des communautés de gens qui dialoguent en jouant sur la langue.

Savoir se servir d'Internet, c'est aussi apprendre à échapper à ces limites artificielles.

Source : Jean-Claude Guédon, *Internet. Le monde en réseau*, coll. « Découvertes », Paris, Gallimard, 2001.

Quatrième partie

L'IRRUPTION D'INTERNET DANS LA CULTURE

Accès démultiplié aux productions culturelles
Deux modèles pour l'acquisition des connaissances
Organisation de l'information sur la Toile
Les bibliothèques à l'ère numérique
Identité fragmentée de l'internaute
Cyberdépendance : faux diagnostic

La culture c'est, entre autres, l'ensemble des productions symboliques et des connaissances propres à une société donnée. La manière qu'adoptent les membres d'une société pour produire des biens symboliques ou pour acquérir des connaissances fait partie intégrante de cette culture. Les transformations aussi, qui surviennent dans l'organisation d'une société, s'y répercutent. Comment Internet et le World Wide Web peuvent-ils modifier l'accès à la culture ?

La présence du World Wide Web modifie sensiblement les pratiques des internautes en matière d'accès à l'information et dans leur recherche de documents. La Toile – tissée de milliards d'hyperliens reliant des fichiers déposés dans la mémoire de millions de serveurs informatiques et de centaines de millions d'ordinateurs personnels – constitue l'infrastructure virtuelle d'une immense encyclopédie, d'une incomparable bibliothèque planétaire.

Mais toutes ces informations ne produiront pas des connaissances utiles pour chacun. Pour en tirer le meilleur parti, l'internaute devra découvrir celles qui répondent vraiment à ses besoins ; il devra les décoder avec compétence et les interpréter à l'aide de sa propre grille d'analyse. Selon Pierre

Lévy, la mutation actuelle du rapport au savoir est engendrée par trois facteurs décisifs :

a) l'accélération de l'obsolescence et le nécessaire renouvellement des compétences acquises par les personnes tout au long de leurs parcours professionnels ;

b) l'introduction d'une part importante de « transactions de connaissances » dans la composition du travail humain (travailler consiste de plus en plus à apprendre, à transmettre des savoirs et à produire des connaissances) ;

Bibliographie

Pierre Lévy,
Cyberculture,
Rapport au Conseil
de l'Europe,
Paris, Odile Jacob, 1997.

La cyberculture

« [...] la clé de la culture de l'avenir est le concept d'universel sans totalité. Dans cette proposition, "l'universel" signifie *la présence virtuelle de l'humanité à soi-même*. L'universel abrite l'ici et maintenant de l'espèce, son point de rencontre, un ici et maintenant paradoxal, sans lieu ni temps clairement assignables.

« [...] on peut distinguer trois grandes étapes de l'histoire :
• celle des petites sociétés closes, de culture orale, qui vivent une totalité sans universel,
• celle des sociétés "civilisées", impériales, utilisant l'écriture, qui ont fait surgir un universel totalisant,
• celle enfin de la cyberculture, correspondant à la mondialisation concrète des sociétés, qui invente un universel sans totalité.

« Soulignons que la deuxième et la troisième étape ne font pas disparaître celles qui les précèdent : elles les relativisent en y ajoutant des dimensions supplémentaires. »

Source : Pierre Lévy, *Cyberculture*, Rapport au Conseil de l'Europe, Paris, Odile Jacob, 1997.

---

c) le contexte d'acquisition des connaissances, constitué par les technologies de l'information et de la
communication, prolonge, amplifie et modifie plusieurs fonctions de la pensée humaine (mémoire,
imagination, perception, raisonnement). Cet environnement favorise des approches inédites de
l'information et de nouveaux types de raisonnement,
en particulier la simulation.

La numérisation et la mise en ligne des fonds des bibliothèques publiques de tous les pays, voilà un projet sans
doute utopique mais qui, s'il se réalisait, représenterait
d'énormes possibilités pour l'éducation et la formation des
personnes. L'accès à ce vaste patrimoine culturel suppose-
rait, à l'échelle mondiale, des politiques conséquentes
d'alphabétisation et de démocratisation de l'éducation, car
il est nécessaire aussi d'acquérir les compétences qui permettent de décoder les ressources d'un tel patrimoine. En
effet, l'accessibilité aux informations n'est pas une condition suffisante à une démocratisation de la culture.

**La présence de la Toile dans le répertoire des outils culturels
des internautes implique-t-elle des modifications dans leur
manière de chercher l'information et, en fin de compte,
dans leur rapport au savoir ?**

Jusqu'ici, la majorité des personnes qui avait à chercher des
informations et qui souhaitait acquérir des connaissances
se reposait sur des techniques héritées de la culture humaniste. Avec l'irruption d'Internet et la mise en place de la
Toile, une autre manière de rassembler et de construire l'information est apparue. Caractériser cette alternative permet

de mieux comprendre comment la structure de la pensée et la formation d'une personne peuvent orienter sa manière de chercher et de rassembler l'information.

Pour effectuer une recherche, dans une bibliothèque ou ailleurs, et procéder selon la tradition humaniste, une personne doit d'abord définir les termes de sa recherche (son objet, les disciplines qui y sont reliées, l'époque qu'elle veut couvrir, etc.). Elle s'efforce ensuite de trouver des indications pertinentes en parcourant des listes hiérarchisées de documents qui ont été préalablement catégorisées par des documentalistes, des bibliothécaires ou des spécialistes du domaine. Ces personnes ont effectué des classements qui tiennent compte du sens généralement donné aux contenus de ces documents et essaient de déterminer l'intérêt que des lecteurs pourraient éventuellement leur porter. Selon ce modèle de classement, l'usager est appelé à cheminer dans des sentiers tracés par une autorité qui lui est extérieure, et ses attentes (l'information qu'il trouvera) sont limitées à celles qu'il a lui-même envisagées. Ces classements hiérarchisés sont relativement stables ; la recherche s'effectue en fonction d'intérêts spécifiquement explicités ; les documents qui se trouvent dans les bibliothèques ont été sélectionnés avec soin ; des fonds permanents permettent la préservation d'un patrimoine commun.

Il en va bien autrement en ce qui concerne la manière de faire de la recherche à l'ère du Web. L'information sur la Toile est organisée tout différemment. L'internaute aura accès dans l'immédiateté de sa requête à de formidables quantités d'informations déposées dans l'un ou l'autre des serveurs du réseau. L'organisation apparemment anarchique de l'information sur le Web débouche sur un paradoxe : l'abondance de l'information est telle qu'elle peut rendre difficile l'acquisition d'une connaissance pertinente, la connaissance advenant chez une personne quand elle peut interpréter l'information qu'elle recueille.

L'usager du Web doit utiliser des moteurs de recherche qui fonctionnent sur la base du vocabulaire employé dans les textes. Les liens tracés par les moteurs entre les documents ne sont pas fondés sur le sens de leurs contenus. Des liens apparaissent tout à fait pertinents, alors que d'autres relient des documents ne possédant aucun rapport significatif. D'où une prolifération de liens qui pourraient créer de la confusion et ennuyer l'internaute dans ses recherches. L'organisation de l'information sur la Toile est fondée sur la possibilité universelle d'établir instantanément une relation entre n'importe lequel des éléments de ce vaste répertoire. Tout élément peut être relié avec chacun des autres éléments. Une organisation hiérarchique des informations n'est pas nécessaire ; il n'y a pas de passage obligé par une catégorie logique de niveau supérieur dans une trajectoire de recherche pour accéder à une information.

La thèse du philosophe Hubert L. **Dreyfus** – thèse discutable mais qui donne à réfléchir parce qu'elle situe l'alternative sur le plan des valeurs – consiste à soutenir que cette organisation non hiérarchique de l'information sur le Web entraîne un nivellement de l'information du point de vue des valeurs que l'on attache aux messages. Toute bribe d'information est en effet considérée comme égale à une autre, indépendamment de son sens. Un document concernant une invention fondamentale pour l'humanité, par exemple, sera considéré par un moteur de recherche comme appartenant au même niveau logique qu'une information complètement triviale ou éphémère. L'organisation de l'information sur la Toile est, de ce point de vue, indépendante des significations qui sont en jeu. Alors que l'ancien modèle

Hubert L. **Dreyfus**, *On the Internet*, Londres, Routledge, 2001.

humaniste était fondé sur une organisation des significations mises en jeu par les textes, le nouveau modèle est strictement formel et syntaxique. Les significations* ne jouent aucun rôle dans cette manière d'organiser l'information.

Quel rôle reste-t-il aux bibliothèques dans un contexte culturel marqué par l'emprise d'Internet et la numérisation de l'information ?

Internet a tendance à éliminer un certain nombre d'intermédiaires humains dans les transactions sociales au sein desquelles il s'insinue. L'internaute peut ainsi communiquer directement avec une base de données et réclamer un service (par exemple, l'achat d'un bien, la recherche d'une information, etc.). La Toile doit donc être perçue comme une ressource complémentaire au réseau documentaire existant.

Dans le cas des bibliothèques, la médiation du bibliothécaire paraît essentielle à l'identification des ressources documentaires pertinentes et fiables pour le lecteur. Mais l'attribution de ce rôle de médiateur ne va pas de soi : des bibliothécaires craignent de ne pas être acceptés dans ce rôle, l'usager de la bibliothèque préférant souvent procéder seul devant son poste informatique. Pendant ce temps, d'autres préconisent une stratégie de médiation qui passe par la mise au point de moteurs de recherche à valeur ajoutée propres à une bibliothèque ou à une maison d'édition. Le moteur de recherche mis au point par les éditeurs de la Grande Encyclopédie Larousse, par exemple, facilite les démarches de recherche de l'usager en assurant un filtrage des réponses aux requêtes.

* Web sémantique

Afin de contrer cette limitation du dispositif, des chercheurs aspirent à la réalisation d'un *Web sémantique* fondé sur le principe d'une organisation des données de la Toile construite à partir du réseau des significations produites par l'interaction des internautes avec les pages visitées. Très utopique, ce projet est apparu non réalisable jusqu'à maintenant.

Dans la situation actuelle, bon nombre de personnes paraissent sous l'emprise d'une surcharge informationnelle (*information overload*) de tous les instants. Le public a plus que jamais besoin de guides – qu'il s'agisse d'humains ou de dispositifs techniques – qui l'aideront à effectuer ses recherches de manière efficace.

Il est peu probable que les bibliothèques publiques disparaissent avec l'émergence de la société de l'information. Au contraire, la conjoncture semble favorable à un renouveau dans la vie des bibliothèques, qui ont un rôle vital à jouer en matière d'évaluation, de repérage, d'indexation, de cartographie des informations disponibles et, finalement,

L'art devant la culture fragmentée

« L'art a toujours tenté de réunir les faces différentes et contradictoires de l'expérience humaine. Plus que jamais, ce pourrait être son rôle fondamental dans une culture définie par la fragmentation et la non-communication potentielle entre les codes, une culture où la multiplicité des expressions pourrait compromettre la communion. L'absence de sens commun risque en effet d'engendrer une immense aliénation, chacun parlant une langue différente, fondée sur son hypertexte personnel. Dans un monde aux miroirs brisés, fait de textes non communicables, l'art pourrait devenir – non pas en s'en donnant mission, mais par sa simple existence – un protocole d'échange et un outil de reconstruction sociale. En suggérant, par l'ironie ou la beauté, que nous sommes encore capables d'être ensemble, et d'en jouir. L'art, qui devient toujours plus un hybride de matériaux virtuels et physiques, est ainsi en mesure de jeter un pont culturel entre le réseau et le moi. »

Source : Manuel Castells, *La Galaxie Internet*, Paris, Fayard, 2002.

d'édition et de diffusion d'une documentation de qualité. La revitalisation des bibliothèques publiques représente un enjeu culturel important à l'ère de l'informatisation puisqu'il s'agit de maintenir bien vivante une manière particulière d'entrer en rapport avec le savoir. Les bibliothèques publiques doivent s'ouvrir aux technologies de l'information et de la communication, alors que ces transformations interpellent les responsables de leur développement. Il faut insister sur la fonction névralgique de médiation et de filtrage culturel auprès des jeunes générations de lecteurs, rôle nécessaire que doivent remplir les bibliothèques publiques à l'aube du XXIe siècle.

Une très grande bibliothèque
Près de la Seine, à l'est de Paris, se trouve la nouvelle Bibliothèque nationale de France : douze millions de volumes et trois cent mille collections de périodiques sur quatre cents kilomètres d'étagères !
Photo : Ministère des Affaires étrangères.

Des philosophes prétendent qu'avec l'informatisation de la société nous nous éloignons des idéaux de la modernité et des valeurs héritées du Siècle des lumières. La « culture Internet » – apanage de la jeunesse, qui a recours systématiquement à la Toile pour trouver ce qu'elle cherche – serait-elle en phase avec les transformations observées dans la construction de l'identité des personnes ?

Postmodernité

Mouvement culturel, projet esthétique, politique et éthique visant le dépassement (par la critique sceptique ou ironique) de la philosophie des Lumières associée à la révolution rationaliste de la modernité et à l'idéologie du progrès. Vue de l'extérieur, la postmodernité est associée à l'éclectisme des référents, à l'éclatement des valeurs et à une croyance en la technologie comme outil émancipateur. Si on la regarde de l'intérieur, on constate que ceux qui élaborent le diagnostic postmoderne sont en même temps ceux qui appellent à l'invention de dispositifs pour élaborer de nouveaux consensus sociaux et politiques à l'échelle des personnes, des communautés, des pays et de la planète.

On associe la culture humaniste à la constitution d'une identité stable de la personne – trait caractéristique de la modernité – et on relie le nouveau modèle culturel aux identités multiples et fragmentées des internautes. Le modèle des internautes se rapproche de la **postmodernité** telle que la nomment certains philosophes.

La vision moderne de la réalité, héritée du Siècle des lumières, se caractérise par une pensée linéaire et hiérarchique. Le sujet moderne cherche à découvrir les structures profondes cachées par le premier niveau des phénomènes. Par contraste, la construction postmoderne renvoie aux notions de fluidité et de mobilité des identités des personnes et des communautés. Le répertoire culturel postmoderne est un bazar, un enchevêtrement de trajectoires et de perceptions décentralisées, où la représentation, l'usage, le sens émergent au fil du parcours de chaque personne dans son environnement culturel et symbolique. Selon Sherry Turkle, le sujet humain postmoderne se contente de vivre « dans les interfaces », avec des objets techniques et d'autres sujets humains, ce qui veut dire qu'il s'empêche d'interroger l'aspect inconscient de ses gestes quotidiens : « *We have learned to take things at interface value.* » *(Nous avons appris à attribuer aux choses la valeur de l'interface.)* Turkle rappelle le danger d'une réification de l'interface au détriment de l'objet et du sujet situés derrière l'interface.

D'après une étude menée auprès d'internautes de quinze à dix-huit ans, il semble que la jeune génération se sent spontanément beaucoup plus proche du nouveau modèle culturel que de l'ancien. Pour les personnes qui ont un rôle de mentor à jouer auprès de la jeunesse (parents, éducateurs, médiateurs culturels), il ne doit pas s'agir de prôner un retour à l'ancien modèle. Les mentors doivent chercher à saisir ce qui anime profondément la jeunesse dans le développement de sa grande curiosité et lui proposer les pistes les plus pertinentes pour orienter sa recherche à l'heure de la société du savoir. Il paraît même nécessaire d'imaginer une manière de penser qui emprunterait à la fois à l'ancien modèle culturel et au nouveau, une forme hybride de construction de la connaissance.

Les attitudes postmodernes des internautes sont en résonance avec la méthode de connexions par hyperliens qui constitue le tissu communicationnel du Web. Les internautes construisent des parcours de sens au fil des raccordements qu'ils établissent dans la Toile. Il n'y a pas deux parcours identiques. C'est l'approche par fragments et par associations libres parmi des bribes de sens. Les internautes sont immergés dans ce que, jadis, Abraham Moles et Marshall McLuhan avaient appelé la culture mosaïque.

Sherry Turkle s'est intéressée aux relations que les sujets humains entretiennent avec les ordinateurs. La psychologue a observé que des relations d'intimité avec un ordinateur modifient la manière dont les humains pensent et la façon dont ils ressentent et expriment des émotions. Avec l'émergence d'Internet et de ses énormes possibilités de communication, ce sont les contenus mêmes de la culture informatique qui se transforment. Selon elle, notre époque serait marquée par le passage d'une culture du calcul (où l'ordinateur est d'abord défini comme une machine

Bibliographie

Sherry Turkle, *The Second Self. Computers and the Human Spirit*, New York, Simon & Schuster, 1984.

Sherry Turkle, *Life on the Screen. Identity in the Age of the Internet*, New York, Simon & Schuster, 1995.

75

analytique contrôlée par des programmeurs) vers une culture de la simulation qui marque son emprise sur un public élargi d'internautes. Certains dispositifs de communication médiatisée par ordinateur (comme les MOO) permettent d'interagir avec des entités simulées paraissant à l'écran, qu'il s'agisse d'avatars représentant d'autres sujets humains, de membres de communautés virtuelles ou de robots *(bots)* qui agissent à titre d'agents logiciels intelligents. La mission de ces derniers est d'aider les sujets humains à gérer les informations touchant à leur vie professionnelle et à leur vie privée. La culture de la simulation entraîne les internautes à prendre pour la réalité ce qu'ils voient sur leurs écrans, la représentation simulée ayant autant (sinon plus) d'importance que la réalité.

Des entités artificielles (produites par simulation informatique) sont investies d'un pouvoir de réalité. Chez certains internautes, l'écran d'un ordinateur branché prend l'allure d'un objet psychologique, c'est-à-dire qu'il devient la source de projection et d'identification psychologiques importantes. Générateur de fantasmes, l'écran peut devenir un objet intime occupant une place privilégiée dans les comportements et les attitudes du sujet humain en quête de sens et de nouvelles relations.

Le plaisir de l'internaute correspond au sentiment d'être connecté en permanence au réseau le plus large possible. Son bien-être psychologique coïnciderait avec l'idée d'une connexion illimitée et perpétuelle. L'ordinateur branché est alors perçu comme assurant une extension tangible de la présence physique des interlocuteurs. Le plaisir de l'internaute réside dans la multiplication des contacts et dans leur communication immédiate et sans frontières, indépendamment des significations qui passent par eux. Le surfeur se connecte et communique en permanence... et cela suffit à son plaisir. L'effet de surprise, lié au plaisir de découvertes inattendues, constitue le moteur inconscient de la quête, apparemment insatiable, de nouvelles connexions.

L'usage compulsif d'Internet a été associé à l'idée d'une cyberdépendance que développeraient des internautes. Que penser d'un tel diagnostic ?

Depuis 1996, quelques psychologues en Amérique du Nord – dont Kimberly S. Young, de l'Université de Pennsylvanie, Richard A. Davis, de l'Université York, Jean-Pierre Rochon, du Québec – ont mis de l'avant l'hypothèse d'un nouveau diagnostic psychologique au sujet d'un usage prétendument pathologique d'Internet. Il s'agirait d'une nouvelle forme d'assuétude – la cyberdépendance – que certains psychologues américains nomment *Internet Addiction Disorder* (IAD). Ce type de diagnostic est loin de faire l'unanimité parmi les psychologues qui s'intéressent aux comportements compulsifs. Parmi eux, le psychologue John M. Grohol présente une critique assez convaincante des faiblesses de ce type de diagnostic.

Cette expression recouvre une grande hétérogénéité de descriptions. Il devient difficile, dans ces conditions, d'expliciter ce qui pourrait constituer les symptômes incontournables d'une telle dysfonction. Il convient toutefois de rappeler que ce comportement prétendument pathologique consistant à passer de très nombreuses heures successives en position assise, rivé à l'écran de son ordinateur branché, n'est pas nécessairement anormal. Il pourrait être expliqué par les conditions particulières du travail de l'internaute ou par les circonstances exceptionnelles qu'il traverse (par exemple, un étudiant devant remettre un travail de session et qui utilise intensément les ressources offertes par Internet pendant une période de temps limitée). Même si l'on admettait qu'il s'agit bien d'un usage pathologique, ne pourrait-on penser qu'il s'agit là d'une manifestation purement anecdotique, symptôme d'une perturbation plus profonde (dépression, anxiété, problème de santé physique, perturbation dans les relations de communication) ? Ce comportement ne serait-il pas davantage l'effet de surface d'une pathologie ancrée dans la personnalité du sujet plutôt que la cause directe d'un nouveau mal d'être ?

Nous pouvons certainement repérer plusieurs cas de surutilisation compulsive d'Internet parmi une minorité d'internautes. Leur nombre se fondrait dans le pourcentage (6 à 10 %) de déviants (alcoolisme, drogues illégales, jeu compulsif, délits criminels divers) que comporte toute société par rapport à ses normes. Ce comportement compulsif n'est certainement pas explicable par le choix d'un dispositif technique particulier. Il s'avère qu'Internet est disponible et que ce type de comportement compulsif s'explique plus

---

Adresses Internet où l'on traite de cyberdépendance

- Center for Online and Internet Addiction : http://www.netaddiction.com/bio/bio.htm
- Le Psynternaute : http://www.psynternaute.com/
- John M. Grohol, « Internet Addiction Guide » : http://psychcentral.com/netaddiction/
- Storm A. King, « Is the Internet Addictive, or Are Addicts Using the Internet ? » : http://webpages.charter.net/stormking/iad.html

simplement par un diagnostic de la personnalité du sujet humain derrière l'internaute compulsif.

Des psychologues ont voulu faire une analogie entre les symptômes liés au jeu compulsif et ceux qui caractérisent l'usage pathologique d'Internet. En excluant évidemment le cas des jeux de casino en ligne (un dispositif absolument ruineux pour les joueurs compulsifs), une différence importante distingue les deux univers : dans le cas du *gambling*, la compulsion serait asociale et liée à un besoin insatiable de récompense monétaire, alors que dans le cas de l'usage immodéré d'Internet la compulsion serait prosociale et liée à un besoin apparemment insatiable de communiquer ou, à tout le moins, d'établir le contact.

Qu'il s'agisse de courrier électronique, de listes de discussion ou de clavardage, l'usage d'Internet met en jeu un grand nombre d'interactions sociales. Selon John Grohol, ce besoin de socialiser expliquerait en partie l'usage compulsif d'Internet. Grohol insiste sur le fait que, pour plusieurs internautes, ces comportements d'allure compulsive ne constituent qu'une étape (limitée dans le temps) dans un processus plus long et plus lent d'appropriation du dispositif technique. Ainsi, le psychologue a observé que les attitudes compulsives étaient souvent le fait de nouveaux usagers envoûtés, dans un premier temps, par le dispositif qu'ils venaient de découvrir. Ajoutons que l'utilisation du *chat* pour la recherche de partenaires exerce une fascination très forte auprès de certaines catégories d'usagers. Avec le temps, et souvent après une période de désenchantement à l'égard de l'objet technique, les habitudes ont tendance à se normaliser.

Cinquième partie

COMMUNAUTÉS VIRTUELLES ?

Qu'est-ce qu'une communauté virtuelle ?
Figures contrastées de la communauté virtuelle
Le virtuel, l'actuel, le réel – Communauté de pratique
Le mythe du face-à-face – La réalité des échanges virtuels
Présence à distance

Qu'est-ce qu'une communauté virtuelle ?

Communication médiatisée par ordinateur

L'expression est la traduction française de *Computer Mediated Communication* (CMC), terme inventé par des chercheurs américains pour décrire l'émergence d'un usage communicationnel de l'ordinateur.

Joseph C. R. **Licklider** et Robert W. **Taylor**, « The Computer as a Communication Device », *Science and Technology*, (1968) ; repris dans *SRC Research Report*, n° 61, Digital Equipment Corporation, 1990.

Howard **Rheingold**, *The Virtual Community. Homesteading on the Electronic Frontier*, Cambridge, Massachusetts, MIT Press, 2000.

L'expression « communauté virtuelle », pour qualifier des pratiques collectives d'interaction en ligne, est apparue dans les années 1990. L'idée de virtualité exerce alors une fascination croissante chez des usagers des technologies de l'information et de la communication, parmi les journalistes et chez les chercheurs en sciences sociales. Les possibilités d'interaction en ligne et d'échange se sont multipliées avec la mise en place de nombreux dispositifs de **communication médiatisée par ordinateur** (CMO) qui suivent l'avènement d'Internet. L'idée même d'une communauté en ligne *(online community)* avait été introduite, dès 1968, par les chercheurs **Licklider** et **Taylor**, deux pionniers d'Internet, dans un texte sur l'ordinateur comme dispositif de communication, texte considéré comme prophétique. Ces auteurs entrevoyaient la constitution de communautés formées de membres isolés géographiquement mais regroupés autour d'intérêts communs.

C'est surtout Howard **Rheingold** qui a donné sa notoriété à la notion de communauté virtuelle. Dans un ouvrage publié d'abord en 1993, largement diffusé et discuté, Rheingold définit les communautés virtuelles comme « des regroupements socioculturels qui émergent du réseau lorsqu'un nombre suffisant de personnes participent à des discussions publiques pendant assez longtemps, en y mettant suffisamment de cœur, pour que des réseaux de relations humaines se tissent au sein du cyberespace ». De manière encore plus concrète, Rheingold décrit ainsi les activités des membres des communautés virtuelles : « [Ils et elles] font appel à des mots inscrits sur les écrans pour échanger des plaisanteries ; débattre ; participer à des digressions philosophiques ; faire des affaires ; échanger des informations ; se soutenir moralement ; faire ensemble des projets [...] ; tomber amoureux ou flirter ; se faire des ami(e)s ; les perdre ; jouer [...]. Les membres des communautés virtuelles font, sur le Réseau, tout ce qui se fait pour vrai dans la vie ; il y a juste le corps physique qui reste derrière soi. »

Certaines idées présentées dans les pages qui suivent ont été développées dans :

Serge Proulx et Guillaume Latzko-Toth, « La virtualité comme catégorie pour penser le social », *Sociologie et sociétés*, vol. XXXII, n° 2, 2000.

Cette première définition de la communauté virtuelle a-t-elle évolué ? Peut-on repérer des définitions différentes, voire contrastées ou opposées, de la communauté virtuelle ? Peut-on associer ces figures contrastées de la communauté virtuelle à une transformation des valeurs partagées par les artisans d'Internet ?

Avec d'autres pionniers d'Internet, comme Stewart Brand, Mitch **Kapor** ou John Perry **Barlow**, Howard Rheingold fut membre de l'une des premières communautés en ligne, le WELL, acronyme de *Whole Earth 'Lectronic Link,* fondé en 1985 à Sausalito, en Californie. Ils furent aussi de ceux qui assurèrent la diffusion du *Whole Earth Catalog* et de la *Whole Earth Review,* les principaux canaux des valeurs contre-culturelles aux États-Unis au tournant des années 1970.

Mitch **Kapor**, « Where is the Digital Highway Really Heading ? The Case for a Jeffersonian Information Policy », *Wired*, vol. 1, n° 3, 1993.

John Perry **Barlow**, « Is There a There There in Cyberspace ? », *Utne Reader*, n° 68, 1995.

La « communauté virtuelle » prendrait donc sa source dans les valeurs de la contre-culture californienne. La croyance commune des membres du collectif WELL est que la participation à ce dispositif interactif pourrait permettre aux usagers de régénérer le rêve communautaire. Ils vivent leur engagement et utilisent les outils du dispositif (téléconférences, babillards électroniques, forums de discussion) comme s'il s'agissait d'expérimenter un nouveau mode de vie – projet qui possède, pour eux, une résonance sociale et politique. La communauté retrouvée grâce à l'électronique serait l'une des façons de reconstruire le lien social menacé par le nomadisme croissant aux États-Unis.

La communauté formée dans le cyberespace apporterait l'ancrage nécessaire à ses membres pour pouvoir lutter, dans la solidarité et l'entraide, contre l'emprise d'un État omniprésent et trahissant les idéaux démocratiques et pluralistes de Thomas **Jefferson**.

Thomas Jefferson
1743-1826

Principal auteur
de la Déclaration
d'indépendance
des États-Unis (1776),
vice-président, puis
président (1801-1809).

Les définitions données à l'expression « communauté virtuelle » se sont transformées au cours des trente dernières années. D'abord issue du discours utopique des adeptes de la contre-culture des années 1970, la vision idyllique de la communauté retrouvée a fait place progressivement à une vision désenchantée. À partir de la fin des années 1980, on fait état des risques de la vie en ligne. Les médias traitent abondamment de ces dangers : incertitudes sur l'identité réelle des cybernautes, possibilités de fraudes financières ou de sollicitations sexuelles, etc. En même temps, plusieurs observateurs dénoncent l'extrême banalité des propos échangés dans les *chats*, de même que la prolifération de la pornographie.

Avec les années 1990 et le début de la commercialisation d'Internet, les industriels semblent s'être approprié l'idée de la communauté virtuelle. Selon des consultants en communication organisationnelle et des entrepreneurs en commerce électronique ou en téléapprentissage, il suffirait de connecter un nombre quelconque d'internautes à un même site pour constituer une communauté virtuelle !

D'autres consultants, qui font la promotion de logiciels destinés à favoriser les activités de coopération, s'appuient sur le concept de « communauté de pratique » pour ancrer théoriquement leur démarche. Des éditeurs de logiciels ont récupéré à leur profit l'idée de la communauté virtuelle d'usagers. Ils ont mis en place des forums où des usagers trouvent les solutions aux problèmes pratiques soulevés par d'autres usagers à propos de l'utilisation des logiciels. Ainsi, l'entreprise peut faire des économies substantielles sur le coût de son service après-vente. En même temps, c'est une stratégie efficace qui met à contribution l'expérience des utilisateurs pour améliorer des logiciels.

Pendant ce temps, des militants mettent de l'avant les concepts de cybercitoyenneté et de cyberdémocratie – ou de démocratie virtuelle – et contribuent à maintenir ouvert le débat sur la politisation de la communauté virtuelle. En 1995, Sherry **Turkle** avait relevé une ambiguïté dans les aspirations communautaires (sociales et politiques) des pionniers de la communication électronique. Turkle, qui s'intéressait aux usagers des MUD *(Multi-User Domains)* – lieux virtuels partagés en mode texte – ne put s'empêcher de voir une différence de taille entre les premiers dispositifs de communication, qui pouvaient être perçus comme une métaphore politique transposable dans la société réelle, et son constat qui montre que, dans l'univers virtuel des MUD, les communautés n'existent que sur et à travers l'ordinateur. Elle note que « si la virtualité signifie la démocratie en ligne et l'apathie hors ligne, il y a lieu de s'inquiéter ».

Bibliographie

K. Ann Renninger et Wesley Shumar (sous la direction de), *Building Virtual Communities. Learning and Change in Cyberspace*, New York, Cambridge University Press, 2002.

Sherry **Turkle**, *Life on the Screen*, New York, Simon & Schuster, 1995.

Bibliographie

Fabien Granjon,
L'Internet militant.
Mouvement social et
usage des réseaux
télématiques,
Rennes, Apogée, 2001.

Francis Jauréguiberry
et Serge Proulx
(sous la direction de),
Internet, nouvel
espace citoyen ?,
Paris, L'Harmattan,
2002.

En ce début de XXIᵉ siècle, on peut constater que les militants des mouvements sociaux contemporains savent mettre à profit les technologies de l'information et de la communication. L'action des nombreux groupes de contestation de la mondialisation, depuis 1998, et, plus récemment, la campagne des opposants à la guerre américaine en Irak (2003), qui ont utilisé Internet pour mobiliser la population de la planète, montrent, au premier chef, que le processus de renouvellement des formes militantes est bien enclenché.

Dans les médias, la littérature ou les sciences sociales, peut-on trouver une définition du concept de communauté virtuelle qui fasse consensus ?

Le concept de communauté virtuelle paraît être la source d'interprétations divergentes. Il n'y a pas de définition qui emporte l'adhésion ni de consensus sur les caractéristiques nécessaires et suffisantes pour la décrire. En fait, l'expression contient deux termes, « communauté » et « virtualité », eux-mêmes sources de lectures plurielles.

Ferdinand **Tönnies**,
Communauté et société,
(première édition, 1887).

Extraits repris dans :
Karl van Meter,
La Sociologie,
coll. « Textes essentiels »,
Paris, Larousse, 1992.

Le concept de communauté est apparu en sociologie vers la fin du XIXᵉ siècle. Pour Ferdinand **Tönnies**, qui oppose cette forme sociale à celle de « société », davantage associée à l'industrialisation et à l'urbanisation, la communauté est constituée d'un collectif d'individus dont le lien social est fondé d'abord sur une proximité géographique et émotionnelle. Elle implique des interactions directes, concrètes et authentiques entre ses membres. Les relations sociales chez les membres d'un petit village ou au sein d'une structure de voisinage sont typiques de ce qui constitue la communauté aux yeux de ce sociologue.

Alors que, pour Tönnies, communauté et société s'excluaient mutuellement – la société se substituant à la communauté à travers le mouvement de l'industrialisation et de l'urbanisation – les sociologues contemporains voient plutôt ces deux formes sociales comme deux types distincts d'organisation que l'on peut trouver simultanément dans une même formation sociale. Les chercheurs contemporains ajoutent à la difficulté de circonscrire le concept de communauté, entre autres par le recours à des entités comme celles de communauté imaginée (**Anderson**) et de communauté interprétative (**Radway**). Les travaux de ces chercheurs montrent que la notion de communauté peut encore être utilisée pour expliquer les transformations du lien social aujourd'hui.

En ce qui concerne la définition de la virtualité, nous tombons d'abord sur les travaux des philosophes qui font usage de ce concept depuis longtemps. Serait donc virtuel « ce qui n'est tel qu'en puissance » *(Le Petit Robert),* par rapport à une actualisation qui peut survenir ou non. D'un point de vue philosophique, le virtuel est réel mais non actuel.

Utiliser le terme « virtualité », dans le contexte des technologies de l'information et de la communication, éloigne du sens premier, qui est d'un usage strictement philosophique. Dans les médias, comme dans de nombreux écrits contemporains en sciences sociales, le concept de virtualité est systématiquement associé à ces technologies qui constituent un environnement social et symbolique d'un nouveau genre. Dans bien des cas, cet environnement est qualifié de virtuel parce que c'est une simulation du réel. On passe ainsi subtilement d'une opposition philosophique entre le virtuel et l'actuel à une opposition plus douteuse entre le virtuel et le réel.

Benedict **Anderson**, *L'Imaginaire national. Réflexions sur l'origine et l'essor du nationalisme,* Paris, La Découverte, 2002.

Janice **Radway**, *Reading the Romance. Women, Patriarchy, and Popular Litterature,* Chapel Hill, University of North Carolina Press, 1984.

Bibliographie

Gilles Deleuze, « L'actuel et le virtuel », dans : Gilles Deleuze et Claire Parnet, *Dialogues,* Paris, Flammarion, 1996.

Les *advergames*

« Plusieurs [...] grandes entreprises [ont] ajouté des *advergames* à l'arsenal qu'elles déploient afin d'intéresser les consommateurs à leurs produits. Les *advergames* sont des jeux auxquels on accède par le Web et qui mettent en vedette un produit spécifique. Selon Jupiter Media Metrix, 45 millions d'internautes nord-américains s'y sont adonnés l'an dernier. Jupiter estime qu'ils seront 73 millions en 2004, dans 40 millions de foyers. Et le groupe Forrester Research prévoit que [cette] industrie représentera un milliard de dollars américains de chiffre d'affaires dès 2005. » [...]

« [...] Selon l'armée américaine, de 15 à 30 % des 35 000 internautes qui s'adonnent chaque jour à son jeu en ligne *Operations* consultent ensuite la section consacrée au recrutement. Pour sa part, quand M&M[MD] a voulu connaître la couleur de bonbons que les internautes souhaitaient voir ajouter à la gamme existante, il a utilisé le jeu *Flip the Mix*. Les internautes ont joué six millions de parties en cinq mois, selon le concepteur, Block-dot. »

« Les *advergames* incitent aussi à revenir fréquemment sur le site afin de jouer de nouveau et tenter d'améliorer ses performances. Non seulement les internautes y retournent-ils, mais ils y passent chaque jour un peu plus de temps. » [...]

Bibliographie

Marcus A. Doel et David B. Clarke, « Virtual Worlds, Simulation, Suppletion, S(ed)uction and Simulacra », dans M. Crang et autres (sous la direction de), *Virtual Geographies*, Londres, Routledge, 1999.

Comment aborder la question de la virtualité ? Est-il possible et souhaitable de décrire les phénomènes virtuels sans les opposer nécessairement au registre du réel ?

Trois approches principales sont possibles pour aborder la question de la virtualité.

Dans la première approche, le virtuel est subordonné au réel : le virtuel est considéré comme une représentation dégradée du réel, ce qui conduit les tenants de cette approche à tenir des propos pessimistes sur les conséquences

« Les jeux offrent également une visibilité rare au produit, car les joueurs l'aperçoivent pendant en moyenne huit minutes au cours de chaque partie. Par exemple, dans le jeu *Dodge Speedway*, une voiture Dodge participe à une course sur un circuit où toutes les publicités (sur les panneaux, sur les murs entourant la piste, etc.) sont de Dodge. Une telle exposition à la marque est rare car, selon Jupiter Media Metrix, les pubs sur le Web ne sont vues que pendant cinq secondes en moyenne et le taux de clics est de moins de 1 % (proportion des utilisateurs qui ouvrent une publicité dans le but d'en savoir plus sur le produit). »

Jeu promotionnel pour déterminer de nouvelles couleurs aux bonbons M&M^{MD}.

François Perreault, « Les *advergames*, un mariage entre publicité et jeux vidéo » (extraits), *La Presse*, Montréal, 30 avril 2003.

d'une généralisation des processus de simulation dans la société.

À l'opposé, dans la deuxième approche, on envisage la virtualité comme la résolution d'un monde frappé d'imperfection du fait de son appauvrissement inéluctable lié à son actualisation. La virtualité n'est plus associée à la dégradation du réel mais, au contraire, à son amplification positive et à sa démultiplication. Les communautés virtuelles permettraient de vivre hors des contraintes de la matérialité de l'espace et du temps, ce qui ouvrirait sur

Bibliographie

Barry Wellmann et
Caroline Haythornthwaite,
(sous la direction de),
*The Internet in
Everyday Life*,
Oxford, Blackwell, 2002.

Jean Baudrillard,
Simulacres et simulation,
Paris, Galilée, 1981.

Pierre Lévy,
Qu'est-ce que le virtuel ?,
Paris, La Découverte,
1995.

Barry Wellman
et Milena Gulia,
« Virtual Communities as
Communities : Net Surfers
Don't Ride Alone »,
dans Marc A. Smith
et Peter Kollock,
(sous la direction de),
*Communities
in Cyberspace*,
Londres, Routledge, 1995.

Jean Lave,
Étienne Wenger,
*Situated Learning.
Legitimate Peripheral
Participation*,
Cambridge, Cambridge
University Press, 1991.

Étienne Wenger,
Communities of Practice,
Cambridge, Cambridge
University Press, 1998.

des possibilités inédites. Nous voilà ici au cœur d'un discours utopique.

La troisième approche renvoie à l'hybridation du réel et du virtuel ou, plus précisément, à une conception du réel dans laquelle l'actuel et le virtuel sont en interaction circulaire, sources de création culturelle et d'expérimentation sociale. Les frontières entre le physique et le virtuel apparaissent brouillées ; on s'éloigne de l'opposition entre le réel et le virtuel pour rejoindre les observations de chercheurs s'intéressant aux pratiques des communautés en ligne. Ceux-ci font remarquer que les relations entre les membres des communautés virtuelles se tissent simultanément en ligne et hors ligne, et même, dans bien des cas, d'abord dans des situations de vie quotidienne hors ligne.

Dans les milieux de l'éducation comme dans ceux de l'entreprise, il est souvent question de communauté de pratique. De quoi s'agit-il ? Y a-t-il une relation entre ce concept et celui de communauté virtuelle ?

L'idée de communauté de pratique *(community of practice)* date du début des années 1990. Elle est associée à un modèle de travail en équipe au sein des organisations. On dit qu'il y a constitution d'une communauté de pratique à partir du moment où un groupe de personnes reliées entre elles, le plus souvent dans un contexte professionnel, se heurtent à un même problème à résoudre. En échangeant, en partageant des objectifs et des intérêts, elles se constituent en communauté ; elles construisent progressivement une somme de connaissances ; elles sont à même d'établir leurs propres méthodes de travail et d'adopter les outils qui les aideront dans la réalisation de leur tâche. Parmi les outils mis à la disposition du groupe, sur un site Web, des collecticiels peuvent aider à gérer un agenda commun, un système d'échange de documents ou de planification des étapes de travail.

Une communauté de pratique se constitue effectivement lorsque, parmi ses membres, on trouve un réel désir de connaître l'approche retenue par les autres pour résoudre un problème. Il y a formation d'une **communauté d'apprentissage**, puisque les membres acquièrent des connaissances et les gèrent collectivement *(knowledge management)*. Petit à petit, ils en viennent à partager (ou non) des valeurs et des croyances communes. Si le partage des valeurs communes prend le pas sur l'intérêt individuel, il y aura constitution d'une communauté morale. On trouve des communautés morales, par exemple, chez les artisans du logiciel libre. Dans le cas contraire, la communauté de pratique n'est qu'une communauté normative, dans laquelle les membres partagent un ensemble de règles de fonctionnement, alors qu'ils peuvent diverger du point de vue des valeurs et des croyances.

Avec le développement d'Internet et des réseaux numériques au sein des organisations, des gestionnaires et des consultants organisationnels ont tendance à parler de communautés de pratique en ligne *(communities of practice online)*. Ils relient des applications à des méthodes de travail propres aux communautés de pratique. Il s'agit d'une appropriation de la notion de communauté virtuelle par les entreprises et par les consultants en organisation.

Communauté d'apprentissage, un exemple : le cybermentorat

Academos (http://academos.qc.ca) permet aux jeunes de clarifier leur choix de carrière en développant une relation textuelle privilégiée avec un travailleur passionné dans un cadre sécuritaire. Depuis l'ouverture de cette ressource en 1999, 24 000 messages ont été échangés entre 5 000 élèves du secondaire ou du cégep et 500 travailleurs de tous métiers et toutes professions.

Bibliographie

Ilkka Komito « The Net as a Foraging Society : Flexible Communities », *The Information Society,* vol. 14, 1998.

Michael Totschnig, « Du logiciel libre comme laboratoire d'une éthique de la créativité et de la communication », dans Bernard Conein, Françoise Massit-Folléa et Serge Proulx (sous la direction de), *Internet, utopie limitée,* à paraître en 2004.

Y a-t-il une consistance sociale dans les échanges qui se passent exclusivement dans l'univers simulé de la virtualité ? En d'autres mots, jusqu'à quel point les pratiques

Réalité virtuelle

Image provenant
du site Internet
de l'Institut national
de recherche
en informatique
et en automatique
(INRIA) France.
© INRIA.

des membres des communautés virtuelles peuvent-elles être considérées comme réelles ?

Les deux expressions « réalités virtuelles » et « communautés virtuelles » ne renvoient pas au même type d'expériences humaines. Les chercheurs ont tendance à réserver le concept de réalités virtuelles pour décrire le ressenti de sujets humains, totalement immergés dans un environnement artificiel, faisant appel à des dispositifs spécifiques (casques, habits qui procurent l'impression de se trouver dans un monde qui simule la réalité). La virtualité dans l'expression « communautés virtuelles » est beaucoup plus métaphorique, mais il faut insister sur le fait que l'organisation sociale dans la communauté virtuelle est différente de la forme communautaire habituelle (famille, amitié, voisinage), ne serait-ce que parce qu'il n'y a pas de présence physique des membres de la communauté virtuelle en action.

Un échange entre deux interlocuteurs qui ne sont pas présents en même temps dans un même lieu physique serait-il un échange moins réel que le face-à-face ? Voilà la question essentielle. L'exemple de la conversation téléphonique vient immédiatement à l'esprit : les échanges, au cours d'un appel téléphonique, seraient-ils moins réels que ceux effectués avec un interlocuteur en chair et en os ? Les appels que l'on fait ou que l'on reçoit quotidiennement montrent, à l'évidence, qu'une conversation tenue au téléphone est tout aussi réelle qu'une rencontre face à face. La qualité de la rencontre est différente : ne pas voir son interlocuteur dans les yeux interdit l'accès aux informations et aux émotions qui passent naturellement par la gestuelle et par les expressions du visage. On hésitera tout de même à parler d'une dégradation de la qualité de la communication dans le cas de la conversation téléphonique. Elle serait plutôt de nature différente. Au téléphone, l'émotion se transmet autant dans le ton, dans la hauteur et dans le grain de la voix de l'interlocuteur que dans la nature des propos échangés. L'échange est bien réel !

Qu'en est-il de la nature des échanges entre les membres d'une communauté virtuelle, c'est-à-dire d'une situation interactive dans laquelle la communication est totalement médiatisée par des réseaux numériques ? Si nous mettons entre parenthèses l'utilisation du visiophone, il n'y a aucune présence physique des interlocuteurs dans ce genre de situation. La totalité de la communication est un échange textuel. Cet échange laisse place à des éléments dits péritextuels, pour s'exprimer dans la relation, comme les variations dans la forme ou la couleur des caractères ou l'usage d'**émoticônes**, utilisation créatrice de signes de ponctuation qui évoquent graphiquement une figure

qui sourit	:-)
qui fait un clin d'œil	;-)
qui marque sa déception	:-(
...	

Bibliographie

Ian Hutchby, *Conversation and Technology. From the Telephone to the Internet*, Cambridge, Polity Press, 2001.

Gordon Graham, *The Internet. A Philosophical Inquiry*, Londres, Routledge, 1999.

Émoticône

Représente la contraction linguistique des termes « émotion » et « icône ».

Dans le cas des échanges strictement textuels, y aurait-il une dégradation de la qualité de la communication humaine ?

Conversation téléphonique ou échange textuel, c'est la qualité des interactions qui varie, pas la réalité de la communication. La tradition épistolaire et les correspondances littéraires montrent, si cela était nécessaire, que l'écrit est un moyen privilégié non seulement pour véhiculer des informations, mais aussi pour transmettre des sentiments et des émotions. La communication écrite – comme celle qui caractérise les échanges de courrier électronique ou les interactions dans les environnements textuels des communautés virtuelles – est une pratique réelle. Si des interlocuteurs échangent au sein d'une communauté virtuelle, leur échange est une interaction réelle dans la mesure où il a un impact psychologique effectif, voire durable, sur la nature de la relation entre les interlocuteurs.

Les méthodes d'analyse des pratiques de communication dans les communautés virtuelles ont généralement pris, comme point de comparaison universel, la conversation de deux personnes face à face. Pour les analystes, elle est devenue l'idéal de toute communication, un mythe indépassable. Cette orientation a conduit plusieurs chercheurs à ignorer les subtilités, la qualité et le caractère bien réel des pratiques de communication médiatisée, y compris lorsqu'il s'agit des interactions au sein de communautés virtuelles.

L'analyse se complique quand la communauté virtuelle renvoie à un environnement de type MUD *(Multi-User Domains)*. Qu'entend-on au juste par cette expression ? Et peut-on conclure à une réalité des pratiques d'échange dans ces environnements totalement fictifs ?

Les MUD sont des jeux collectifs impliquant des joueurs humains qui communiquent entre eux par Internet et qui interagissent de façon synchrone dans un même site Web. Le sigle MUD recouvre, à l'origine, l'expression « *Multi-User Dungeons* », qui était une allusion directe au jeu de donjons et dragons, jeu de rôle populaire chez les adolescents américains des années 1970-1980. La communauté virtuelle est donc ici constituée de joueurs connectés à un même lieu et agissant entre eux au même moment. Les MUD sont des lieux fictifs virtuels – textuellement construits (et, si l'on fait appel à des éléments graphiques, des MOO) – où se rencontrent des avatars qui interagissent, se déplacent, conversent et construisent d'autres objets ou décors fictifs. Ces avatars sont les personnages fictifs qui représentent, en principe, les joueurs humains qui s'y cachent. Il est entendu qu'un joueur humain pourra complètement transformer son identité dans le jeu. Ainsi, certains joueurs utilisent ce dispositif pour adopter l'identité d'une joueuse, ce qui leur permet d'expérimenter en ligne au sujet des relations entre les genres. Mais, un avatar peut aussi être une simple construction logicielle ayant un comportement d'automate ; on parle alors d'un robot *(bot)*. Les avatars-porte-parole-de-joueurs-humains peuvent agir entre eux autant qu'avec des avatars-robots. Or, il n'est pas évident, pour un joueur humain, de faire une distinction entre les deux types d'avatars, et cette non distinction accroit certainement l'intérêt et la complexité du jeu.

En plus, nous pouvons nous demander s'il n'aurait pas à l'œuvre, dans ces communautés virtuelles, un subtil travail de structuration inconsciente de l'identité des sujets humains impliqués dans ces jeux, processus qui les atteindrait dans leur être profond, bien au-delà de leur jeu de rôle ? En d'autres mots, les interlocuteurs peuvent-ils,

Bibliographie

Gordon Graham,
The Internet.
A Philosophical Inquiry,
Londres, Routledge, 1999.

Sherry Turkle,
Life on the Screen.
Identity in the Age
of the Internet,
New York, Simon
& Schuster, 1995.

à un certain moment, cesser de n'être que des joueurs ? Si tel était le cas, il faudrait soutenir l'hypothèse que ce travail symbolique, déclenché au cours de l'exécution d'un jeu virtuel, a la capacité d'agir sur la structuration de l'identité réelle d'un sujet humain. Répondre à cette question ne peut pas être simple, et l'on ne pourrait obtenir la réponse qu'après avoir réalisé des enquêtes détaillées auprès des joueurs, en suivant les traces du travail de pionnière de Sherry Turkle.

Il a été question de « communautés virtuelles », mais qu'en est-il des « réalités virtuelles » ? L'expression recouvre-t-elle une autre gamme de phénomènes ? Les développements en matière de virtualité posent-ils des questions auxquelles il faut répondre avant d'envisager l'avenir du paysage médiatique ?

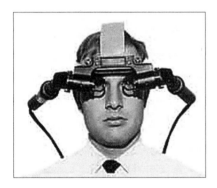

Premier casque de réalité virtuelle, construit par Sutherland et Sproull, à l'Université Harvard, en 1967.

L'expression « réalités virtuelles » renvoie à un type particulier de communication médiatique : une programmation informatique qui simule des images en trois dimensions et permet d'interagir par la vue et par le mouvement. Le logiciel est lié à un dispositif technique comprenant un écran qui donne l'illusion de la profondeur, des manettes, des lunettes, des gants et des habits dits virtuels. Logiciels et dispositifs permettent une participation active des sens et du corps de l'utilisateur dans une expérience de simulation de la réalité. Quand l'utilisateur pénètre dans l'univers simulé, il y ressent des émotions et il a une capacité d'action qu'il croit réelle alors que l'environnement programmé n'existe que dans son imagination. La technologie de la réalité virtuelle, couplée à un accès à des réseaux numériques – les utilisateurs ayant accès en **temps réel** à des bases de données et pouvant interagir simultanément – représente une percée importante en matière d'évolution des technologies de la téléprésence (c'est-à-dire dans le remplacement de la présence physique des interlocuteurs par une technologie de transport de la présence ou de mise à distance des interlocuteurs dans la communication : poste, télégraphe, téléphone, télévision, réseaux numériques, réalités virtuelles).

L'un des tournants importants dans le développement de la réalité virtuelle a eu lieu vers la fin des années 1950 avec l'utilisation, par l'armée de l'air américaine, d'une nouvelle génération de simulateurs de vol. On abandonna alors les séquences filmées au profit d'une scénographie offrant à l'interacteur des scènes de réalité virtuelle. La scénographie proposait des images qui contenaient virtuellement toutes les situations qui peuvent se présenter à un apprenti pilote. En plus des usages militaires (simulateurs de vol, entraînement et reconnaissance des lieux de débarquement) et des jeux vidéo, les technologies associées aux réalités virtuelles sont principalement utilisées dans les domaines de l'ingénierie (simulation de la résistance des matériaux), de la topographie (simulation des formes d'une vague arrivant sur une plage), de l'astronomie (simulation du mouvement des planètes), de l'architecture (simulation des bâtiments à construire), du cinéma et dans diverses industries de services (par exemple, en tourisme, le prévisionnement des lieux à visiter).

Pour le grand public, l'expérimentation des réalités virtuelles est un phénomène marginal, mais il s'agit d'un développement porteur d'avenir qui aura une influence sur les médias de communication des prochaines décennies.

Temps réel

« Né dans l'univers de l'informatique militaire des années 1950 pour désigner un temps de calcul acceptable pour un programme contrôlant un phénomène (et donc présupposant une durée effective), il est adopté aujourd'hui pour caractériser l'émission-réception instantanée telle que la radio, la télévision ou le téléphone la concrétise. Les réseaux numériques fonctionnent quant à eux selon de tout autres modalités temporelles... basées sur le découplement de l'émission et de la réception. »

Jean-Louis Weissberg, « Croyance, expérimentation, fiction : la crise de croyance dans les médias de masse », *Sociologie et sociétés*, vol. XXXII, n° 2, 2000.

Affiche d'un « Festival du virtuel » tenu à Amiens (France), en avril 1999. À noter, la variété thématique des débats et des présentations.

Les développements technologiques posent des questions d'ordre philosophique qui ont été abordées, notamment, par Jean-Louis Weissberg. La question fondamentale concerne le régime de vérité qui se déploie dans les médias. Comment arriver à croire, par exemple, devant la présentation des informations télévisées, que telle information est vraie ? La photographie et la télévision nous avaient habitués à croire ce qu'elles nous montraient. Aujourd'hui, l'adage qui dit qu'« il faut le voir pour le croire » ne tient plus. Devant un problème de légitimité, ne serait-ce qu'en raison du dévoilement des nombreux trucages visant à produire de fausses images, les téléspectateurs doutent de plus en plus de la vérité de ce qui leur est proposé.

C'est la formule « je crois ce que je vois » qui disparaît, selon le philosophe. Face à un phénomène de dé-liaison croissante du voir et du croire, les technologies du virtuel proposent, avec l'idée de simulation, une autre logique au fondement du vrai. Utiliser les technologies relatives aux réalités virtuelles suppose que l'on puisse faire des expérimentations personnelles, subjectives, en interagissant dans un environnement où l'on acquiert des connaissances par simulation et non par enregistrement. En effet, ce n'est pas parce que l'on a vu la reproduction d'un objet (ou un événement) que celui-ci est vrai ; l'objet (ou l'événement) devient vrai quand l'utilisateur a pu en faire l'expérience.

Weissberg décrit la trajectoire des systèmes de représentation, depuis l'Antiquité, comme une suite de tentatives pour « obtenir un double de la réalité sans cesse plus proche de son référent ». Tout au long de cette « conquête naturaliste », on a cherché de plus en plus à faire prendre l'image pour l'objet, l'information pour l'événement. Cette trajectoire connaît aujourd'hui sa limite ou, plutôt, son dépassement : la simulation informatique permet de laisser tomber la poursuite de l'imitation de l'objet dans son aspect superficiel, c'est-à-dire son apparence. Les technologies du virtuel permettent de choisir les caractéristiques de l'objet qui est modélisé, calculé, et qui montre sa structure profonde sans qu'on ait à le reproduire. Auparavant, la reproduction de l'objet aurait constitué un espace intermédiaire de simulation du comportement des acteurs avec l'objet dans son environnement.

Avec les technologies du virtuel, l'événement n'est plus simulé (ou représenté) par son image. C'est la présence même de l'événement (ou de l'objet) qui est simulée. Le comportement des utilisateurs dans un environnement de réalités virtuelles se rapproche davantage de leurs comportements

Bibliographie :

Jean-Louis Weissberg, *Présences à distance. Déplacement virtuel et réseaux numériques*, L'Harmattan, Paris, 1999.

Jean-Louis Weissberg, « Des *reality shows* aux réalités virtuelles », *Terminal*, n° 61, 1993.

quotidiens ; ainsi, l'introduction, dans les dispositifs de réalité virtuelle, de systèmes dits « à retour d'efforts physiques » permet aux utilisateurs de ressentir, par exemple, le poids de l'effort physique mobilisé dans une activité se déroulant pourtant dans l'espace virtuel. Le sujet s'implique, s'engage ; son corps et son esprit participent à l'expérience vécue dans l'espace simulé. Il ne se contente pas de regarder les images ; il interagit dans l'univers de la simulation : c'est un interacteur.

Les technologies de la réalité virtuelle – en résumé – font émerger un nouveau régime de vérité fondé sur l'expérimentation directe de l'information et sur un rapport de participation plus intime du sujet avec l'objet ou l'événement : les interacteurs agissent virtuellement dans des univers simulés. De la croyance en une vérité fondée sur la vraisemblance de l'image imitant son référent, on croira progressivement en une vérité fondée sur le test pratique d'un objet produit par la simulation informatique.

Or, malgré cette nouvelle intimité avec l'objet, il reste que l'expérimentation virtuelle n'est qu'un mode de médiation dans le processus de construction de la croyance au vrai. Les sujets ne sont pas en contact direct avec les objets ou les événements. L'interactivité se pratique selon des scénarios modélisés et prévus. L'interactivité connaît aussi ses limites. Le régime de vérité en émergence se construira de manière hybride à travers les expérimentations multiples des sujets, dont le degré de liberté dépendra des scénarios imaginés d'abord par des concepteurs d'environnements virtuels. Si, comme l'écrit Sadie **Plant**, « l'histoire du cyberespace, c'est l'histoire des *hackers* », on peut penser qu'une nouvelle dynamique de développement s'instaurera dès qu'il y aura détournement ou réinvention des dispositifs de la part des usagers...

Sadie **Plant**,
« On the Matrix : Cyberfeminist Simulations »,
dans Rob Shields (sous la direction de),
Cultures of Internet. Virtual Spaces, Real Histories, Living Bodies, Londres, Sage, 1996. La citation de Plant est reprise par Shields dans son introduction.

Quand on parle de détournements logiciels dans le monde de l'Internet, de nombreuses personnes pensent immédiatement aux *hackers*. Avons-nous raison d'associer les activités des *hackers* à des actes de détournement ? S'agit-il de pirates de l'informatique d'un genre différent ou sont-ils les utopistes du XXIᵉ siècle épris d'un esprit nouveau ?

Ce serait une erreur de confondre les *hackers* avec les pirates. Les *hackers* sont des passionnés de l'informatique. Depuis 1960, dans les départements d'informatique du Massachusetts Institute of Technology (MIT), à Cambridge, en banlieue de Boston, le mouvement des *hackers* a surtout rassemblé les adeptes de prouesses informatiques. Ceux-ci préconisaient le libre accès aux codes sources des logiciels qu'ils écrivaient et le plus grand accès possible aux ressources informatiques. Vers 1985, les médias se sont mis à associer les *hackers* au piratage informatique. Les *hackers*, pour leur part, désignaient du terme *crackers* les délinquants ou les pirates de l'informatique qui, à la même époque, commencèrent à propager des virus. La confusion vient du fait que les *crackers* se qualifiaient volontiers de *hackers*...

Les véritables *hackers* s'étaient fait une obligation morale sinon un devoir de pratiquer la coopération dans le travail et le partage des connaissances. Cet état d'esprit *hackers* s'est harmonisé de manière plus ou moins marquée aux valeurs véhiculées par la contre-culture des années 1960. Ces jeunes universitaires, qui ont souvent agi comme élément moteur dans la société, ont participé à la mise en place de nombreuses innovations en matière de technologies de l'information et dans celles des réseaux. Pensons à l'invention de l'ordinateur personnel et à celle d'Internet, et en particulier à la mise en place du courriel, du World

Bibliographie

Pekka Himanen,
L'Éthique hacker et
*l'Esprit de l'ère de
l'information*,
Paris, Exils Éditeur, 2001.

Wide Web et des premiers navigateurs. Cet état d'esprit – et le postulat que la démocratisation de l'informatique favoriserait un accroissement de pouvoir chez les laissés-pour-compte du développement technologique – fut à la base de nombreuses innovations informatiques qui caractériseront le dernier quart du XXe siècle.

Les formes actuelles de l'attitude *hackers* se trouvent désormais chez les partisans du logiciel libre et du libre accès aux codes sources des programmes informatiques. Des communautés d'usagers du logiciel libre se constituent un peu partout dans le monde : les membres sont encouragés à améliorer les logiciels qu'ils utilisent et à proposer, de manière libre et gratuite, leurs améliorations aux autres participants de la communauté. La pratique du logiciel *libre* a ainsi donné lieu à l'invention du système d'exploitation Linux qui est devenu, au fil des ans, une contrepartie sérieuse des logiciels *propriétaires,* notamment ceux de l'entreprise dominante dans ce domaine, Microsoft. L'informatique *libre* est donc appelée à fournir des choix efficaces, entre autres aux milieux associatifs et communautaires, aussi bien à l'échelle locale qu'internationale.

Sixième partie

LES ENJEUX POLITIQUES D'INTERNET

Le non-usage d'Internet – Quatre enjeux – Accessibilité
Appropriation des technologies de l'information et
de la communication – Protection de la vie privée
Société de surveillance – Propriété intellectuelle
Gouvernance – Internet et la démocratie

Même si de larges portions de la population ne sont pas branchées, Internet fait maintenant partie du quotidien de très nombreuses personnes. Cette situation devrait-elle conduire les décideurs politiques à proposer des mesures pour rendre Internet accessible à tous ?

Si l'automobile a symbolisé l'apogée de la société industrielle, les réseaux numériques, et en particulier Internet, sont devenus, pendant la décennie 1990, le symbole le plus visible des changements ayant cours dans l'organisation du travail et dans l'industrie. De nombreuses métaphores ont été utilisées par les analystes et les décideurs politiques pour qualifier le mouvement de transformation : société post-industrielle, autoroute de l'information, révolution de l'information, économie ou société du savoir, société de la communication, société de l'information, société en réseaux, société virtuelle, capitalisme cognitif, société de l'immatériel. Chacune de ces métaphores indique symboliquement (ou idéologiquement) la manière dont leurs auteurs voudraient voir évoluer le cours des choses. Par exemple, le message implicite dans l'expression « autoroute de l'information » – métaphore de moins en moins utilisée –

posait le rôle de l'État et de la grande entreprise comme déterminant pour l'implantation, le développement et la maintenance d'un système autoroutier (à la manière de celui dévolu à l'automobile). La métaphore de la société de la communication et celle de la société en réseau, au contraire, s'appuient sur l'image d'une multiplicité de transactions qui s'effectuent simultanément dans des structures hiérarchiques et, même, hors d'elles. Le pouvoir est fluide, instable, indéterminé : dans ce dernier cas, le rôle de l'État est diminué.

La société est dans une vague de changements structurels. Le devoir des décideurs politiques est d'en évaluer les conséquences et de prévoir, pour le bien-être de la population, des mesures en matière d'informatisation, d'implantation des infrastructures et d'accès aux réseaux. Ces mesures doivent permettre d'éviter que les changements n'entraînent d'autres clivages et exclusions au sein de la population... Mais plusieurs politiciens semblent aveuglés par le mirage Internet. Comme dans la plupart des sociétés développées, la croissance exponentielle du nombre de branchements depuis 1995, et surtout depuis 1998, a amené des analystes, des entrepreneurs industriels et des décideurs politiques à croire que cette croissance ne ralentira pas – ou diminuera assez peu – dans un avenir prévisible.

La réalité est plus complexe. S'il est vrai que, dans des pays comme la Chine et l'Inde, il y a encore des perspectives très favorables de développement des infrastructures et de croissance du nombre de branchements, les pays du Nord connaissent, au contraire, une relative saturation du marché. Cette saturation est attribuable à l'abondance de l'équipement disponible, mais aussi au fait que des portions non négligeables de la population ne désirent pas ou ne veulent plus faire usage d'Internet.

Dans les travaux récents au sujet de l'utilisation d'Internet, une figure a surgi – qui n'avait jusque-là jamais été prise en compte par les analystes – celle de « l'ancien usager d'Internet ». Il se trouve donc un nombre important de personnes qui ont utilisé Internet et qui ont jugé que cette innovation n'était pas pour elles. Aux États-Unis, en 2000, des chercheurs ont observé une baisse notable du nombre d'internautes dans le groupe des 18-29 ans, ce qui contredit la perception habituelle quant à ce groupe d'âge souvent associé à « l'ère de l'information ». En 2001, une enquête du US Pew Internet Project, organisme de recherche reconnu et crédible, constatait que la moitié de la population adulte américaine n'avait pas accès à Internet ; or, 57 % de ces non-utilisateurs déclaraient ne jamais vouloir se brancher ; en Grande-Bretagne, un tiers de la population adulte n'a aucunement l'intention d'être connectée un jour (enquêtes citées par Sally **Wyatt**). Ces résultats infirment deux postulats implicites des promoteurs enthousiastes d'Internet, qui ont tendance à penser que tout individu qui en a les moyens désire se brancher et qu'une fois branché il le restera toujours.

Bibliographie

Sally **Wyatt**, Graham Thomas et Tiziana Terranova, « They Came, They Surfed, They Went Back to the Beach : Conceptualizing Use and Non-Use of the Internet », dans Steve Woolgar (sous la direction de), *Virtual Society ? Technology, Cyberbole, Reality*, Oxford, Oxford University Press, 2002.

Au-delà des statistiques, pour quelles raisons certains usagers abandonnent-ils la pratique d'Internet ?

Les personnes qui cessent d'utiliser Internet ont considéré soit que ce dispositif coûtait trop cher par rapport aux services rendus, soit qu'elles n'en avaient tout simplement pas besoin ; ou encore elles ont été déçues par leur expérience concrète d'utilisation. Ainsi, dans les entreprises, des cadres et des employés ont été attirés par Internet à cause des avantages que les promoteurs faisaient miroiter :

accès instantané à une multitude d'informations, rapidité d'exécution des tâches et dégagement de temps pour les loisirs, rationalisation et efficacité des activités de communication, amélioration des opérations de coordination. Toutefois, leur expérience s'est révélée tout autre : Internet les a fait travailler davantage puisque les sollicitations professionnelles les atteignaient même à domicile, par le courriel (si ce n'est par le téléphone portable) ; pour plusieurs usagers, il s'est avéré plus difficile que prévu de trouver les informations souhaitées ; ils se sont inquiétés face aux problèmes de sécurité informatique qui surgissaient avec la circulation des virus ; ils se sont sentis harcelés par les pourriels et les nombreux messages non sollicités.

Ce constat remet en cause, jusqu'à un certain point, l'objectif politique de rendre la technologie universellement accessible dans les meilleurs délais. Toute personne n'est pas nécessairement un usager potentiel d'Internet ! Il y a des gens qui veulent et qui peuvent vivre sans Internet ! Les décideurs politiques devront prendre en compte que de nombreuses personnes continueront de s'informer, de se divertir et de communiquer par le biais des médias habituels. Le mirage Internet ne devrait pas provoquer le démantèlement des moyens et de l'équipement de communication traditionnel, pas plus que l'adoption de la technologie ne devra être considérée comme une fin en soi – comme le voudrait la norme de la modernité (ou de la postmodernité) – ni comme une vision qui obligerait tout un chacun à utiliser le dispositif.

L'objectif de rendre la technologie accessible au plus grand nombre demeure un objectif politique pertinent et important. Ce qu'il faut garder en tête, c'est que l'adoption de la technologie Internet ne doit pas devenir la norme obligée du bien-être en société.

En considérant la manière dont le dispositif Internet a été inventé, peut-on en tirer des enseignements qui permettraient de prévoir son développement ?

Le premier constat que l'on peut faire de l'histoire d'Internet, c'est que le dispositif qui s'est constitué et stabilisé a été marqué par les choix et les valeurs de ses inventeurs. Ceux-ci se recrutaient chez les ingénieurs, les administrateurs et les technologues proches de l'autorité militaro-scientifique des États-Unis, et chez les jeunes *hackers* et les universitaires, mordus de l'informatique et de la technologie des réseaux, imbus des valeurs de la contre-culture californienne. Comme l'écrit Manuel Castells, Internet est né de la rencontre improbable entre ces deux mondes. Ce dispositif aurait pu être inventé dans d'autres circonstances, être le produit d'autres choix technologiques et stratégiques, et receler d'autres valeurs.

Si l'on pense à l'avenir, il n'est pas certain qu'Internet se maintiendra avec le même type d'architecture et les mêmes caractéristiques pendant longtemps. La structure d'Internet peut se transformer en fonction de l'intérêt des acteurs sociaux et politiques qui en prendront le contrôle. Après les années pionnières des fondateurs d'Arpanet, puis celles où les universitaires imposaient leurs règles et leurs valeurs à l'apogée du réseau Usenet, voilà que, depuis 1995, le réseau a pris un virage commercial. Il est probable que les idées pionnières de service public, de liberté avec un minimum de pouvoir hiérarchique, d'échange et de coopération vont s'étioler à mesure que la commercialisation d'Internet s'étendra. L'évolution du réseau représente un problème politique considérable qui ne sera pas résolu uniquement par les décideurs politiques.

Dans le contexte de l'évolution permanente du réseau, quels sont les principaux enjeux qui devraient retenir l'attention des décideurs politiques et des acteurs sociaux intéressés par le développement d'Internet ?

Quatre enjeux à caractère politique sont particulièrement importants :
- la démocratisation de l'accès à Internet et son appropriation par les usagers ;
- la protection de la vie privée ;
- l'innovation en matière de propriété intellectuelle ;
- la surveillance des organismes qui gouvernent Internet.

Comment atteindre l'objectif d'une démocratisation de l'accès à Internet sans laisser de côté celui de l'appropriation de cet outil de connaissance ?

La démocratisation de l'accessibilité à Internet ne peut se réduire à l'amélioration des conditions d'accès à l'équipement et aux infrastructures de réseaux. Cet aspect n'est que la première des conditions à remplir, mais ce n'est pas une condition suffisante. On doit impérativement distinguer l'accessibilité à Internet de l'appropriation de la technologie. La technologie peut être rendue accessible à un individu ou à un groupe sans que celui-ci réussisse à se l'approprier vraiment. Le processus d'appropriation pourrait être défini comme un ensemble de conditions qu'il s'agit de remplir.

La première de ces conditions est l'accessibilité à l'équipement et aux infrastructures.

Les initiatives du gouvernement du Canada – qui a contribué à financer la multiplication des points d'accès aux technologies, en particulier en favorisant l'action de plusieurs associations – vont dans ce sens. De même, le programme « Brancher les familles à Internet », mis en place par le gouvernement québécois en juillet 2000, et qui avait pour mission de subventionner l'achat d'un ordinateur « branché » pour deux cent mille familles à faible revenu. Toutefois, l'aide gouvernementale a montré ses limites et a fait surgir des paradoxes. L'acquisition d'équipement informatique ou le branchement à Internet sont sans effet s'ils ne conduisent qu'à ouvrir la porte du foyer au monde de la consommation. Le clivage numérique reproduit largement le fossé séparant déjà les personnes fortement scolarisées et celles qui le sont faiblement.

La deuxième des conditions est celle de l'appropriation proprement dite.

Il n'est pas toujours efficace de laisser un utilisateur à lui-même une fois que son ordinateur est branché. Des connaissances techniques sont nécessaires pour utiliser le dispositif Internet. L'usager novice peut ne pas arriver à maîtriser seul les techniques de recherche. Des conseils et un encadrement pourront lui être utiles. Pour être valables, les politiques d'accession à Internet devraient comprendre un volet de formation. Celui-ci permettrait l'acquisition des rudiments de la culture numérique, l'objectif étant que chacun des utilisateurs puisse comprendre le maniement des appareils tout autant que les règles et protocoles de navigation et de communication dans le cyberespace.

La troisième des conditions porte sur la production de contenus qui pourront être publiés sur la Toile.

Il est nécessaire, dans ce cas, de pouvoir utiliser quelques logiciels spécialisés et d'avoir accès à un équipement adéquat. Une politique de formation qui voudrait prendre en compte ce troisième niveau devrait axer une partie des

Pourcentage des ménages qui utilisent Internet à la maison, au Canada, par types d'utilisation

But de l'utilisation	Pourcentage de l'ensemble de la population				
	1997	1998	1999	2000	2001
Utiliser le courrier électronique	13,3	19,3	26,3	37,4	46,1
Faire des transactions bancaires	3,1	5,2	8,0	14,7	21,6
Acheter des biens et services	1,5	2,5	5,5	9,6	12,7
Obtenir de l'information médicale ayant trait à la santé	...	9,6	15,6	22,9	30,1
Parfaire ses connaissances dans le cadre de ses études	...	6,8	9,2	19,0	22,9
Obtenir des renseignements gouvernementaux	...	8,2	12,7	18,9	25,6
Chercher un emploi	...	...	...	12,2	16,2
Naviguer	13,6	17,6	24,3	36,2	44,3
Jouer à des jeux	...	7,8	12,3	18,2	24,4
Participer à des groupes de causerie	...	5,7	7,5	11,0	13,7
Obtenir et sauvegarder de la musique	...	...	7,8	17,8	23,3
Écouter la radio	...	...	5,0	9,3	12,3
Obtenir de l'information reliée aux sports	...	...	...	17,3	22,1
Obtenir des renseignements financiers	...	...	...	18,5	22,8
Voir les nouvelles	...	...	...	20,4	26,2
Obtenir des renseignements ou des arrangements de voyage	...	...	...	21,9	27,4
Obtenir d'autres services Internet	2,2	2,6	10,0	17,7	21,1

Source : Statistique Canada, CANSIM II, tableau 358-0006 et produit n° 56F0004MIF au catalogue. Dernières modifications apportées le 27 juin 2003. http://www.statcan.ca/francais/Pgdb/arts52a_f.htm

activités d'apprentissage sur la critique des contenus qui existent déjà sur la Toile. L'appropriation complète d'une technologie suppose une bonne intégration des techniques dans le contexte de leur pratique quotidienne et implique que l'utilisation de ces outils soit l'occasion de gestes de création de la part de l'usager ou, en d'autres mots, que celui-ci soit ouvert à un renouvellement des manières de faire. À titre d'exemple, l'utilisation de collecticiels – destinés au soutien du travail en groupe – pourrait conduire les membres d'un groupe associatif à développer de nouvelles manières de produire, créer et travailler ensemble.

Au-delà de l'appropriation individuelle des technologies de l'information et de la communication, peut-on envisager une appropriation qui aurait un caractère collectif ?

Des organismes qui ont pour mission de favoriser l'appropriation des technologies de l'information et de la communication auprès des milieux associatifs et communautaires prennent des mesures pour que ceux-ci aient un droit de parole sur la question. Dans ce contexte, en 1995, une expérience québécoise a permis de mettre sur pied un organisme qui porte le nom de **Communautique**. Dès 1997, ses membres permanents organisaient en région des activités de formation, mettaient en place des projets pilotes d'accessibilité et effectuaient des recherches relatives à la question de l'appropriation. Le site Web de Communautique met de nombreux documents à la disposition du public. L'organisme assure aussi un rôle de porte-parole politique (présentation de mémoires aux gouvernements) des milieux communautaires en ce qui concerne la démocratisation de l'accès aux technologies de l'information et de la communication et leur appropriation.

Communautique

Fondé à l'initiative de l'Institut canadien d'éducation des adultes (ICEA) et de La Puce communautaire, l'organisme (OSBL) favorise l'appropriation des technologies de l'information et de la communication par les membres des organismes populaires et communautaires.

www.communautique.qc.ca

Le deuxième enjeu d'une politique favorisant la démocratisation d'Internet est la nécessité de protéger la vie privée.

Comment cerner cette question, et comment en traduire les enjeux, éventuellement, dans une politique et des lois conséquentes ?

Par définition, la vie privée recouvre la zone des activités qui n'est occupée ni par la vie professionnelle ni par la vie publique d'un individu. L'expression utilisée par la langue anglaise – *privacy* – évoque bien cette zone où s'exercent des activités personnelles et où, en même temps, s'exprime le double besoin d'intimité et de solitude nécessaire à l'équilibre de l'être humain et qui constitue un noyau fondamental pour l'exercice de la liberté... D'où l'existence, dans les démocraties libérales, de lois destinées à la protection de la vie privée. Or, la prolifération de fichiers témoin *(cookies)* sur Internet, qui tentent d'identifier les internautes et leurs machines, remettent à l'ordre du jour la question de la protection de la vie privée.

Les législations actuelles sont-elles adéquates ? Doivent-elles être révisées et, le cas échéant, dans quelle mesure ? L'élaboration de politiques et de lois relatives à la question de la protection de la vie privée suscite toujours la controverse et voit s'affronter deux positions éthiques divergentes.

Certains acteurs sociaux font valoir la nécessité de protéger la vie privée et, par conséquent, le droit de restreindre, et même de censurer, certaines utilisations de la technologie. Avec le temps, cette position semble en voie de l'emporter, ne serait-ce qu'en raison de la propension des États à vouloir conserver un contrôle (même relatif) sur l'exercice de la liberté d'expression par les citoyens. La présence de la pornographie infantile et la diffusion de messages haineux sur Internet permettent aux États de justifier leur contrôle. Ainsi, les divers gouvernements de la planète se sont montrés largement défavorables à une utilisation non contrôlée des technologies de cryptage permettant aux internautes de préserver la confidentialité des messages qu'ils échangent. Il y aurait ici, selon les États, un danger évident d'utilisation de la technologie de chiffrement par les mafias internationales !

D'autres évoquent plutôt le droit à la liberté d'expression et le droit de faire usage sans contrainte des technologies offertes sur le marché. Cette conviction – pour ne pas dire cette croyance – est ancrée dans le discours de nombreux internautes américains. Le droit à la libre expression inscrit dans la Constitution des États-Unis est certainement l'un des plus évoqués de nos jours. Les tenants de la liberté totale sur Internet appuient aussi leurs arguments sur l'esprit de liberté qui a caractérisé la naissance d'Internet. Ils souhaitent que cet esprit soit conservé malgré la forte commercialisation du dispositif (qui pourrait entraîner des limites dans l'utilisation) et l'émergence de mécanismes mis en place par les gouvernements pour contrôler le développement et l'utilisation de la technologie.

Protection d'une totale liberté d'expression contre une protection de l'intimité des personnes : ce débat est important pour l'élaboration de politiques cohérentes visant à contrer les dangers qu'Internet représente pour la vie privée des citoyens.

L'un des dangers particuliers d'Internet réside dans la prolifération des pratiques de surveillance électronique. Dans quelle mesure les internautes participent-ils à l'instauration subtile d'une société de contrôle et de surveillance ?

Quand un observateur évoque la dimension interactive des technologies de l'information et de la communication, il fait habituellement référence au comportement actif de la personne entraînée par l'utilisation de ces technologies. L'utilisateur est ainsi convié à aller chercher de l'information sur un site (par exemple, en téléchargeant un logiciel ou un fichier de musique). Dans un autre cas, l'utilisateur est invité à choisir le scénario du dénouement d'une intrigue (par exemple, dans le cas du visionnement d'une vidéo montée sur le modèle de « cette histoire dont vous êtes le héros »).

Cette représentation populaire de l'interactivité est incomplète et masque une dimension essentielle de l'interactivité technique. L'une des caractéristiques fondamentales de la technologie interactive réside justement dans sa capacité de transmission bidirectionnelle de l'information. Cela veut dire qu'un dispositif interactif peut transmettre les données qu'un internaute désire consciemment communiquer vers l'extérieur, mais, aussi, que ce type de dispositif a la propriété de collecter et de transmettre vers le site auquel l'ordinateur est branché, à l'insu de l'utilisateur, des informations qui le concernent.

La diffusion du dispositif Internet accroît donc grandement les risques d'instauration d'une société de contrôle et de surveillance. Y a-t-il des pratiques de surveillance que l'on peut relier directement à Internet ou, en tout cas, aux réseaux numériques de communication ?

Au premier niveau des pratiques de surveillance, il y a l'action invisible des *cookies*. Il s'agit de fichiers témoin, qui ne contiennent souvent qu'une seule ligne de texte, envoyés automatiquement par le site Web visité et s'inscrivant sur le disque dur de l'ordinateur de l'internaute. Ils se

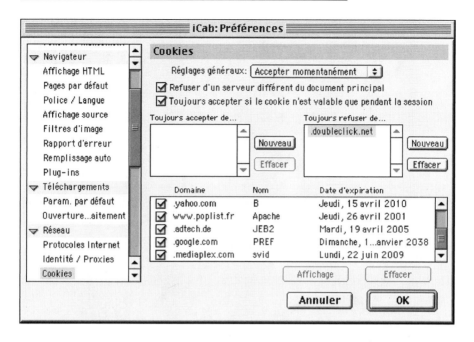

logent dans un répertoire spécifique et enregistrent des informations sur les habitudes de l'utilisateur. Ces renseignements concernent les caractéristiques techniques de l'ordinateur et la langue de navigation utilisée, l'adresse des dernières pages Web visitées ainsi que l'adresse IP de l'appareil (c'est-à-dire le numéro identifiant son accès Internet). Le motif avoué de l'installation de ces fichiers témoin ou *cookies* (ou, parfois, fichiers « d'audit ») est de contribuer à une optimisation de l'interactivité des services offerts. Des *cookies* peuvent aussi être programmés pour rassembler des informations au sujet des préférences de l'internaute. Les renseignements sont ensuite discrètement transmis par le navigateur vers les serveurs qui avaient placé les fichiers espions. Les internautes expérimentés savent comment désactiver ces *cookies,* mais cela peut parfois empêcher l'accès

Page des « Préférences » d'un navigateur montrant diverses options de gestion des fichiers témoin, communément appelés *cookies.*

NO
VIDEO

NO
VIDEO

: 16 P M   2A JUN AA TUE

Les caméras
de surveillance
sont fréquentes,
surtout dans les grands
immeubles. Le « film »
des allées et venues
des occupants peut
être transmis en temps
réel par Internet.

à un site ou à une page en particulier. Les informations recueillies peuvent être recoupées avec des renseignements personnels fournis par l'internaute lui-même lorsqu'il remplit des formulaires (nom, adresse postale...). Les informations récoltées et archivées peuvent servir à des fins commerciales, à constituer des profils de clientèles par régions qui permettent de mieux définir les publics que les entreprises cherchent à cibler. Les profils de clientèles eux-mêmes constituent une marchandise qui pourra être vendue. Les profils ciblés ont une grande valeur pour ceux qui tiennent un commerce sur Internet.

Au deuxième niveau des pratiques de surveillance, le réseau des réseaux participe à l'accroissement des activités de contrôle; on découvre alors qu'Internet offre des moyens pour la mise au point de dispositifs de surveillance et la transmission des données recueillies.

La surveillance électronique a connu des développements spectaculaires depuis 1980 – sans parler du saut quantique suscité par l'après-11 septembre 2001. Cela s'explique, notamment, par un fort accroissement des moyens de contrôle exigé par des autorités militaires et policières, dans un contexte marqué à la fois par le terrorisme international et par la valorisation de la sécurité, à l'échelle des individus comme à celle de la société. La demande s'est combinée à des percées technologiques importantes : miniaturisation des appareils électroniques, développement de la reconnaissance électronique des formes, de la reconnaissance biométrique et de la détection des ondes électromagnétiques. Reliée à Internet, l'efficacité de ces technologies s'en trouve démultipliée.

Deux exemples* : Le premier est relativement peu sophistiqué d'un point de vue technologique. Il concerne le phénomène des « *nannycams* » qui a pris naissance aux États-Unis vers la fin des années 1980.

À l'insu des gardiennes d'enfants, les parents faisaient installer de minuscules caméras de surveillance vidéo qui étaient branchées sur le magnétoscope du domicile. De retour à la maison, les parents pouvaient vérifier le comportement de leurs gardiennes en visionnant les cassettes de la journée. Cette surveillance secrète devint encore plus efficace grâce à la connexion de ce dispositif de surveillance à la technologie Internet. La télésurveillance vidéo en continu est désormais possible. Les parents peuvent recevoir des images de leur domicile, par Internet, en temps réel, à n'importe quel lieu géographique de branchement.

Le second exemple concerne les satellites de surveillance (satellites espions). Il montre la grande vulnérabilité

* Ces exemples sont décrits dans l'ouvrage de Reg Whitaker, *The End of Privacy. How Total Surveillance is Becoming a Reality*, New York, The New Press, 1999.

Voir aussi : William Bogard, *The Simulation of Surveillance. Hypercontrol in Telematic Societies*, Cambridge, Cambridge University Press, 1996.

Publicité pour un dispositif de surveillance à domicile.

des internautes face à l'intrusion d'instances extérieures qui s'avèrent tout à fait capables de vérifier à distance, et très étroitement, la nature et le contenu de leurs communications interpersonnelles.

Le réseau de surveillance ECHELON est maintenant connu. Il capte les signaux (voix, textes, images) qui transitent par les systèmes de communication par satellite. Tous sont susceptibles d'être interceptés et examinés. Depuis la guerre froide, par exemple, toutes les communications qui ont transité par le système Intelsat ont été systématiquement espionnées par un consortium formé des services d'espionnage des États-Unis (US National Security Agency – NSA) et de la Grande-Bretagne (British Government Communications Headquarters – GCHQ). Quelques partenaires « débutants » (Canada, Australie, Nouvelle-Zélande) se sont joints au noyau initial connu sous l'appellation UKUSA Network.

ECHELON surveille, en outre, les télécommunications qui empruntent les voies terrestres, de sorte qu'il effectue une couverture quasi totale de l'ensemble des télécommunications qui sont produites sur la planète. Le consortium a développé, parallèlement, des programmes informatiques sophistiqués d'analyse automatique de textes et de reconnaissance de la voix de manière à pouvoir isoler certaines communications à partir de mots clés et en utilisant des techniques d'échantillonnage.

En 1996, Nicky Hager, un journaliste néo-zélandais, dévoilait pour la première fois l'existence du réseau et faisait connaître au monde les détails du programme ECHELON dont la presse a, depuis, abondamment parlé. Le réseau ECHELON relie tous les ordinateurs des agences associées au réseau UKUSA, de sorte que tous les appels téléphoniques, toutes les télécopies, tous les télex, tous les courriels et toutes les autres communications électroniques peuvent être analysés automatiquement à partir des mots clés suggérés par les agences. Ces informations stratégiques seraient, en principe, renvoyées aux gouvernements des pays participants, mais on peut penser que les partenaires (Grande-Bretagne, Canada, Australie, Nouvelle-Zélande) profitent assez peu de ce système d'intelligence stratégique. La surveillance électronique des télécommunications pratiquée par le réseau ECHELON profite donc de manière presque exclusive aux États-Unis, contribuant ainsi à accroître leur pouvoir hégémonique sur l'ensemble de la planète.

Mais que peuvent bien faire les autorités américaines de toutes ces informations ? Dans le contexte de l'après-11 septembre 2001 et dans celui de la deuxième guerre d'Irak, des utilisations militaires sembleraient normales. Pour lutter contre le terrorisme international et pour soutenir les efforts du contre-espionnage, cela paraîtrait plausible. Si cette surveillance s'avère utile pour lutter contre le crime organisé, le blanchiment d'argent et le trafic de drogues, les moyens pour y arriver semblent pour le moins démesurés...

Une part de mystère persiste donc. Depuis plus de cinquante ans, les États-Unis et quelques partenaires recueillent, de manière plus ou moins légale, et traitent une quantité phénoménale d'informations dont l'utilité n'a pas été déclarée.

ECHELON

Voir le texte complet du rapport sur ECHELON et son contexte, rédigé pour le Parlement européen par Duncan Campbell, *Surveillance électronique planétaire*, Paris, Allia, 2001.

L'anonymat électronique comme forme de libération

« Si vous admettez que notre premier but est de trouver et de développer des contacts satisfaisants, c'est vrai que l'Internet, qui permet de garder l'anonymat, crée effectivement la possibilité de dépasser les stéréotypes qui troublent notre perception quand nous nous trouvons en face des gens. Quand je vous regarde, je peux me faire des idées sur ce que vous êtes, simplement à partir de votre apparence. Quand je reçois des méls *(sic)* sur l'Internet, ils ne me disent pas nécessairement qui en sont les expéditeurs, à quels succès ou échecs ils ont dû faire face, quels pays ils habitent, de quel genre ou de quelle couleur ils sont, qui sont leurs pères. En ce sens, l'Internet est un grand destructeur de préjugés. Nous pouvons commencer sur cette base une autre sorte de conversation.

Mais il y a des limites. Le fait que je ne puisse pas vous voir implique que je ne peux pas communiquer avec vous de la même façon que je le ferais si je pouvais vous voir. Je ne peux pas capter les signaux que vous donnez par vos hochements de tête, ou vos regards, ou vos sourires. En conséquence je ne peux pas être encouragé à poursuivre dans une direction particulière de ma pensée ; je ne peux pas voir à quels moments mes idées suscitent une chaude approbation, un accord modéré ou un froid rejet. Les discussions sur l'Internet, même dans les salons virtuels, ne sont pas si simples. La présence physique tout à la fois apporte et enlève quelque chose. Nous sommes en train d'inventer une nouvelle sorte de contact et nous devons être conscients de ses limites. Une chose appréciable sur l'Internet, c'est que vous avez davantage la possibilité de choisir jusqu'à quel point révéler les peurs et les handicaps qui vous perturbent et qui seraient plus évidents dans des rencontres en face-à-face. Et comme nous souffrons tous plus ou moins de ces handicaps, l'Internet nous encourage à parler sans être freinés par quelques-unes de nos inhibitions. C'est une forme très importante de libération. »

Source : Theodore Zeldin et Gloria Origgi, « Le futur de l'Internet : une conversation avec Theodore Zeldin », dans Gloria Origgi et Noga Arikha (sous la direction de), *Text-e. Le texte à l'heure de l'Internet*, Bibliothèque publique d'information (BPI), 2003. Texte complet de la conversation disponible en ligne : http://www.text-e.org

Au début de l'an 2000, une importante controverse a toutefois éclaté dans les milieux diplomatiques européens. On a pu lire dans la presse d'alors que le gouvernement américain avait transféré des informations stratégiques concernant des firmes européennes de haute technologie, recueillies par ECHELON, à des concurrents privés américains. Le double jeu militaire et commercial des États-Unis a choqué l'opinion. Après coup, cependant, les autorités européennes ont développé leurs propres systèmes de surveillance des communications privées, commerciales et militaires.

La généralisation des pratiques de surveillance entraîne, par définition, une diminution importante de la confidentialité des communications entre les personnes et entre les organisations. La vie privée est ainsi violée en permanence par les technologies numériques. Internet transforme les foyers dans lesquels il pénètre en « maisons de verre ». À cela s'ajoute, sous prétexte de sécurité, la présence de centaines de milliers d'appareils de surveillance installés à demeure dans les lieux publics. Enfin, ces technologies font l'objet d'un lucratif commerce d'exportation vers les pays du Sud, où les gouvernements sont apparemment très friands de technologies de contrôle.

> Comme l'écrit, de manière synthétique, Manuel Castells :
>
> « Ainsi, pour imposer leurs intérêts, les entreprises et les États menacent ensemble la liberté, en abolissant l'intimité au nom de la sécurité. »
>
> *La Galaxie Internet*, Paris, Fayard, 2001.

Le troisième enjeu d'une politique favorisant la démocratisation d'Internet est l'importance qu'il faut accorder à l'innovation lorsqu'il s'agit de légiférer dans le domaine de la propriété intellectuelle. Comment la propriété intellectuelle est-elle affectée par l'arrivée d'Internet ?

La question de la propriété intellectuelle à l'ère d'Internet est complexe. La propriété intellectuelle est une donnée fondamentale de l'économie et il paraît nécessaire de protéger les droits que les auteurs et les traducteurs d'œuvres littéraires ou scientifiques, les compositeurs et interprètes d'œuvres musicales, les concepteurs de logiciels peuvent avoir sur leurs propres créations. De même, les firmes qui vendent ces produits sont, elles aussi, en droit de réclamer leur juste part de profits. Jusqu'ici, l'utilisation de ces produits a été protégée par des lois en matière de droit d'auteur. Une partie du prix payé par l'utilisateur pour une marchandise donnée (qui est le résultat d'un travail de l'esprit) doit être consacrée à la rétribution du créateur de cette marchandise. Mais voilà qu'avec Internet la donne est complètement transformée. Il devient très facile de copier et de diffuser des œuvres à l'échelle planétaire sans demander de permission et sans payer de redevances.

L'exemple le plus connu – les millions de transferts de fichiers MP3 vers des internautes assoiffés de musique – justifieraient à lui seul une révision des lois sur le droit d'auteur. Les débats souvent passionnés (au sein des groupes de discussion en ligne) à propos des pratiques d'échange font parfois appel à une vision du monde un peu simpliste. Ainsi, de nombreux adolescents échangistes (et certains adultes) ont tendance à opposer les vilains producteurs (identifiés aux grandes firmes multinationales de l'industrie du disque) aux bons consommateurs. Ils se disent convaincus que ces pratiques d'échange ne constituent pas des actes de délinquance.

Mais que deviennent les droits des créateurs dans un tel contexte ? Et qu'en est-il de la juste part des firmes productrices des pièces musicales ? Il apparaît nécessaire de susciter un sentiment de responsabilité chez les utilisateurs et une prise de conscience des principaux acteurs de l'industrie. Ces derniers ne peuvent plus se contenter de vouloir simplement faire appliquer les lois qui protègent la propriété intellectuelle. Il devient urgent de réviser le cadre juridique et d'innover pour faire face à la situation imposée par les nouvelles conditions de distribution des produits culturels (logiciels, pièces musicales, films et tous les autres travaux de l'esprit).

L'utilisation du patrimoine des œuvres littéraires ou scientifiques constitue également un enjeu de taille pour le développement de contenus sur Internet. Actuellement, le droit d'auteur nord-américain protège les œuvres littéraires pendant une durée de cinquante ans à compter de la mort de leur auteur. De leur côté, le droit français et le droit européen accordent une protection plus étendue, c'est-à-dire de soixante-dix années à compter du décès de l'auteur ou du traducteur. Ce n'est qu'après cette période qu'une œuvre est reconnue appartenir au domaine public et devient, par conséquent, libre de droit. À cette étape, on peut, par exemple, reproduire une œuvre et l'offrir gratuitement aux internautes.

On constate donc que les législations nord-américaines et européennes divergent sur la durée du droit d'auteur. Internet se jouant des frontières, un site nord-américain offrant des œuvres littéraires ou scientifiques devra-t-il se conformer aux législations en vigueur dans le pays de résidence du site d'hébergement ou, au contraire, à la législation en vigueur dans le pays d'origine de ces œuvres (pas encore dans le domaine public) ?

Selon la jurisprudence française, « il y a contrefaçon d'œuvres numérisées à partir du moment où une œuvre mise en ligne est exploitée sans autorisation de l'auteur ou des titulaires du droit. Le fait que le serveur hébergeant l'œuvre contrefaite se trouve dans un autre pays n'y change rien : il y a mise à disposition non autorisée d'une œuvre auprès du

CIRASI

Certaines idées exprimées dans cette réponse proviennent de débats (avril 2003) au sein de la liste de discussion du Collectif interdisciplinaire de recherche sur les aspects sociaux d'Internet (CIRASI).

Voir : http://lajoie.uqam.ca/ cirasi/cirasi.html

public. » Cette interprétation est d'ailleurs en conformité avec les ententes internationales en matière de droit d'auteur, notamment la Convention de Berne pour la protection des œuvres littéraires et artistiques, entente qui a été signée par le Canada. Par conséquent, la loi d'un pays signataire peut interdire la diffusion d'un contenu mis en ligne dans un autre pays. Le constat met en relief l'érosion relative des souverainetés nationales dans un contexte de diffusion sans frontières d'œuvres artistiques, littéraires et scientifiques.

Si les pratiques de diffusion apparues avec Internet mettent en évidence les difficultés d'application des règles juridiques relatives à la propriété intellectuelle, elles montrent aussi la nécessité de trouver de nouvelles conditions d'utilisation. Ainsi, les représentants du monde de l'éducation auraient probablement intérêt à promouvoir le principe d'un usage non commercial (usage loyal, *fair use*) des œuvres artistiques, littéraires et scientifiques contemporaines. Internet pourrait alors constituer, moyennant le paiement par les institutions d'éducation d'une redevance raisonnable, une formidable voie d'accès universel, pour les étudiants et les chercheurs, à l'ensemble des œuvres du patrimoine culturel mondial.

Le quatrième enjeu d'une politique favorisant la démocratisation d'Internet est celui de sa gouvernance. Comment cette question a-t-elle été abordée par les développeurs d'Internet ? Comment, à titre de citoyens d'un pays, rester vigilants devant la puissance des organismes transnationaux qui gouvernent Internet ?

Une grande partie des activités réalisées sur Internet sont théoriquement hors de portée des lois nationales. Une réglementation internationale est requise, par conséquent, pour assurer le fonctionnement et la gouvernance du dispositif sociotechnique maintenant déployé à l'échelle planétaire. Or, l'élaboration de conventions internationales est souvent rendue difficile en raison, notamment, des différends commerciaux ou des antagonismes politiques qui peuvent exister entre les pays. La signature de conventions et la mise en place d'instances internationales de régulation ne sont pas choses faciles dans un tel contexte.

Si l'architecture d'Internet est résolument non hiérarchique et largement distribuée, on sent bien pourtant que des instances humaines, hiérarchisées, surveillent, ne serait-ce que de façon modérée, le développement du dispositif. En fait, ce qui est remarquable dans Internet, c'est que le noyau initial de son instance de contrôle à l'échelle globale a d'abord été constitué d'ingénieurs, de technologues et de scientifiques choisis parmi les premiers artisans directement en cause dans l'invention du réseau. Ainsi, la gouvernance d'Internet a été perçue, au départ, comme une affaire de régulation technique, dont la responsabilité incombait à ses artisans au nom d'un privilège historique, et non pas comme une affaire de pouvoir d'État. Évoluant dans une culture du consensus souvent prônée au sein des milieux universitaires, les premiers gestionnaires ont voulu que soit instaurée, à l'intérieur des organismes responsables de la gouvernance d'Internet, une parité entre les membres représentants de la technologie et de l'industrie, et les membres porte-parole des utilisateurs. Cet équilibre n'a toutefois pas été respecté, car les organismes de surveillance sont largement dominés par des ingénieurs, des scientifiques et des industriels qui ont été parmi les premiers artisans d'Internet.

Trois organismes ont pour tâche d'assurer une régulation qui repose sur la reconnaissance de la fonction unique

ICANN

Internet Corporation
for Assigned Names
and Numbers

de commutation d'Internet et sur la nécessité d'assurer l'interopérabilité du système de manière permanente et à l'échelle globale. Il y a d'abord l'Internet Engineering Task Force (IETF), qui autorise et spécifie les protocoles techniques et leur mise en œuvre à l'échelle internationale. L'IETF est assistée par l'Internet Architecture Board (IAB) sous la supervision de l'Internet Corporation for Assigned Names and Numbers (ICANN).

Les responsabilités de l'ICANN comprennent trois domaines : la gestion du système des noms de domaines (DNS), l'allocation des adresses IP, inscrites dans des registres régionaux, et, enfin, la coordination du fonctionnement d'un consortium international de treize serveurs de routage (onze américains, deux européens). À ces opérations de régulation technique, s'ajoute un niveau juridique de contrôle, de plus en plus élaboré, sous la responsabilité des pays souverains et qui se déploie de manière indépendante de l'ICANN. Par ailleurs, un comité consultatif des gouvernements (GAC) agit auprès de l'ICANN de manière à faire valoir les objectifs politiques des différents gouvernements.

Richard Delmas, administrateur principal à la Commission européenne en matière d'informatisation, écrit : « En réalité, l'ensemble du dispositif demeure, à ce jour, piloté par les autorités américaines, en particulier par le Département du commerce, qui exerce une tutelle directe sur l'ICANN et sur le système des serveurs de routage [...]. De plus, depuis les attentats du 11 septembre 2001, les enjeux de sécurité, de contrôle et de surveillance sont devenus primordiaux, engageant au maintien d'une tutelle politique et administrative étroite*. »

Quant à la gestion, au développement et à l'entretien de l'infrastructure physique des réseaux, sous la responsabilité

* « La gouvernance
d'Internet »,
Les Cahiers du numérique,
sous la direction de
Françoise Massit-Folléa
et Richard Delmas,
vol. 3, n° 2, 2002.

initiale des agences militaires et des universités américaines, les opérations ont été progressivement prises en charge soit par l'industrie privée (informatique, télécommunications, fournisseurs d'accès et de services), soit par des agences paragouvernementales, selon les pays. Ainsi, au Québec, le Réseau d'informations scientifiques du Québec (RISQ) joue un rôle fondamental dans le développement et le maintien des infrastructures du réseau québécois.

La gouvernance d'Internet dépasse largement la question de la régulation technique du dispositif. Internet est devenu un enjeu politique si important à l'échelle du globe que la mainmise de l'ICANN – et, conséquemment, celle du gouvernement des États-Unis – sur le développement du dispositif est de plus en plus contestée. L'accès à Internet doit être considéré comme un bien commun, au même titre que l'accès au téléphone ou aux signaux de la télévision. L'autorité des organismes responsables d'Internet doit reposer sur une véritable représentativité à l'échelle de la planète. Ce principe sera très difficile à mettre en œuvre, mais il faudra imaginer des systèmes hybrides de droits et de normes faisant appel simultanément aux systèmes juridiques et politiques respectifs de pays souverains et à des principes de droit s'appliquant à l'échelle internationale.

L'évolution d'Internet peut devenir importante pour la démocratie, mais peut-elle susciter un renouveau de la participation des citoyens à la vie politique ?

L'explosion des pratiques d'Internet – en particulier, la possibilité de débattre en ligne au sein de forums et de listes de discussion, de même que la possibilité d'aller chercher de l'information spécifiquement politique sur la Toile –

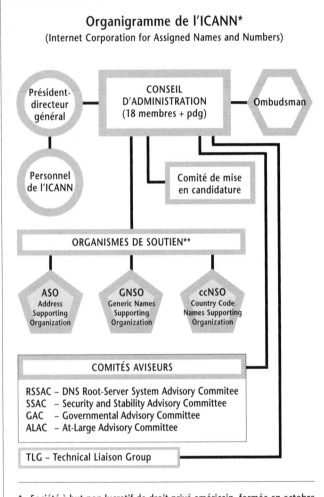

Organigramme de l'ICANN*
(Internet Corporation for Assigned Names and Numbers)

Président-directeur général

CONSEIL D'ADMINISTRATION (18 membres + pdg)

Ombudsman

Personnel de l'ICANN

Comité de mise en candidature

ORGANISMES DE SOUTIEN**

ASO
Address Supporting Organization

GNSO
Generic Names Supporting Organization

ccNSO
Country Code Names Supporting Organization

COMITÉS AVISEURS

RSSAC – DNS Root-Server System Advisory Commitee
SSAC   – Security and Stability Advisory Committee
GAC   – Governmental Advisory Committee
ALAC   – At-Large Advisory Committee

TLG – Technical Liaison Group

* Société à but non lucratif de droit privé américain, formée en octobre 1998 et ayant son siège social à San Diego, en Californie.

** Trois organismes soutiennent l'ICANN dans l'élaboration de ses politiques pour Internet : les adresses IP (ASO) ; le système des noms de domaines (DNS) dans ses aspects généraux (GNSO) ; les domaines de premier niveau ou domaines de tête *(top-level domains)*, qui sont constitués des caractères qui désignent les zones géographiques, par exemple : .ca, .fr, .de, .jp, etc. (ccNSO).

constitue certainement un enjeu pour la démocratie. Voilà une des questions fondamentales au sujet d'Internet. Son développement nous mènera-t-il à une amélioration de la quantité et de la qualité des débats politiques dans l'espace public (local et mondial) entendu comme lieu de nécessaires délibérations collectives, vitales pour la démocratie ? Serons-nous invités à une intensification de la vie politique ? Les communications transmises par les réseaux numériques entraîneront-elles le renouvellement de la manière dont les gouvernements et les citoyens communiquent ?

Les groupes de contestation et les mouvements sociaux font maintenant abondamment usage d'Internet pour coordonner leurs activités militantes et diffuser l'information nécessaire à leurs opérations de mobilisation. Les médias ont mis en lumière cette utilisation d'Internet chaque fois que le mouvement de l'altermondialisation cherchait à mobiliser ses partisans, par exemple, ou, plus récemment encore, à l'occasion de la contestation planétaire de la guerre que les États-Unis ont menée contre l'Irak.

S'appuyant sur une synergie entre Internet et les grands médias, ces actions de mobilisation médiatique à l'échelle mondiale pourraient, toutefois, se substituer aux débats politiques véritables, où devraient s'affronter les arguments rationnels des acteurs opposés ou convergents. Aussi, la dimension trop exclusivement commerciale des applications mises en place sous l'appellation de « démocratie électronique » peut nous mener à un simulacre de démocratie. Si ces dispositifs entraînent les citoyens à voter à distance, parmi des répertoires de choix préprogrammés, sans discussions préalables sur la constitution de ces choix, les progrès technologiques n'aideront aucunement à relever le niveau de la participation aux délibérations collectives nécessaires à l'exercice de la démocratie.

Démocratie

« Internet est le média de l'instantanéité par excellence, pour le meilleur et pour le pire. Et l'instantanéité ne permet pas la vérification. Les citoyens devront apprendre à éviter les pièges. Après tout, c'est ce qu'ils font, avec plus ou moins d'intensité, depuis que la conquête de la démocratie a libéré les communications. »

Ignacio Ramonet, directeur du *Monde diplomatique* et auteur de *La Tyrannie de la communication*, Paris, Galilée, 1999.

Caricature empruntée à www.ifrance.com/ethique/conclusion.html La signature de l'artiste est illisible.

Le développement d'Internet constitue donc un enjeu pour la démocratie. Il entraînera probablement, au cours des prochaines années, des transformations sensibles dans le mode de participation à la vie politique. Ces transformations constitueront l'une des formes les plus visibles des changements amenés par Internet à la vie contemporaine, qu'on le veuille ou non.

Inventé pendant la décennie 1970, Internet a connu une période de développement, jusque vers 1995, au cours de laquelle l'innovation était portée d'abord par les usagers et l'architecture du dispositif n'était pas encore stabilisée.

Depuis ce temps, avec la distribution gratuite des naviga-teurs, l'accroissement important du nombre des internautes et l'ouverture du réseau au marché commercial, Internet s'est-il transformé ?

Selon Lawrence **Lessig**, la période actuelle de développement d'Internet est traversée par deux mouvements contradictoires. Les forces vives du marché et de la commer-cialisation heurtent les valeurs de liberté d'expression et de communication qui avaient caractérisé jusque-là le déve-loppement du réseau. Ces valeurs de liberté et de coopéra-tion, d'échange et de don sont portées depuis les origines par les inventions des premiers artisans et par les diverses communautés d'usagers et de concepteurs individuels qui ont poursuivi le développement du réseau. Les communau-tés d'usagers et les programmeurs de logiciels libres en particulier, partisans d'une libre distribution du code sour-ce des logiciels, prolongent l'esprit d'invention du projet initial d'Internet. Aujourd'hui, l'affrontement entre deux systèmes de valeurs, entre deux visions du développement d'Internet est évident : l'évolution du réseau laissée à la main invisible du marché contre la culture résolument li-bertaire des premiers artisans, l'idéologie néolibérale affrontant l'utopie des pionniers. Pour tout dire, l'indus-trie et le marché semblent triompher et imposer leur emprise sur les usagers et le développement d'Internet.

Lawrence **Lessig**, *The Future of Ideas. The Fate of the Commons in a Connected World*, New York, Random House, 2001.

Alors, dans un contexte où les règles de l'industrie et du marché semblent vouloir s'imposer, comment envisager l'avenir d'Internet en tant qu'enjeu politique pour le déve-loppement des individus et des sociétés ?

Les décideurs politiques et les citoyens responsables intéressés par le développement du réseau doivent promouvoir l'idée qu'Internet constitue un bien commun dont il est nécessaire d'assurer le libre accès à quiconque désire l'utiliser. Cette vision s'inscrit en faux contre celle des tenants du néolibéralisme qui pensent que le libre marché va forcément assurer la protection du public et le libre développement du réseau. En réalité, l'architecture ouverte d'Internet est menacée par les forces du marché qui tentent d'orienter le développement du réseau en fonction du seul accroissement de leurs bénéfices sans faire montre d'une vision à long terme de l'avenir d'Internet.

L'accessibilité doit demeurer une priorité parmi les politiques gouvernementales – même si près du tiers de la population adulte en Amérique du Nord ne semble pas vouloir se connecter et préfère ne pas faire usage d'Internet pour communiquer, se renseigner ou se divertir. Alors que les statistiques d'utilisation d'Internet au Canada montrent un plafonnement depuis 2002, ce constat ne doit pas servir à faire accepter l'idée qu'Internet est destiné à la partie privilégiée de la population. Déjà, on peut noter que ce sont les ménages à revenus élevés ou avec des enfants à la maison et les personnes les plus scolarisées qui sont davantage connectés.

Bibliographie

Marianne White, « Internet commence à plafonner au pays », *La Presse*, Montréal, 19 septembre 2003.

Les citoyens, conscients qu'Internet est un bien commun, devront rester vigilants devant la volonté de contrôle manifestée par les représentants de l'industrie et du commerce qui cherchent à orienter le développement technique de son architecture et, conséquemment, le mode de distribution des contenus. Ceux-là cherchent aussi à imposer l'utilisation de logiciels propriétaires et à éloigner le secteur de toute réglementation étatique. La coopération en réseau et le développement de l'innovation d'Internet par ses propres usagers sont deux valeurs emblématiques du réseau des réseaux depuis ses origines ; ces deux valeurs ne pourront être conservées qu'au prix d'une vigilance de tous les instants exercée par les utilisateurs.

CONCLUSION

Tout compte fait, peut-on parler d'une « révolution Internet » ? Cette expression ne serait-elle pas porteuse d'une illusion, celle de croire que le changement dans la société ne peut être apporté que par les progrès de la technologie ?

Il faut d'abord s'entendre sur ce que signifie l'idée de révolution. Selon le dictionnaire, cette expression signifie un changement brusque et important dans l'ordre social, politique ou moral. La notion de révolution recèle l'idée d'un bouleversement en profondeur, d'un renversement de l'ordre existant, d'une transformation complète de la situation. En ce sens, il paraît exagéré d'attribuer au seul phénomène Internet l'origine des transformations importantes que connaissent nos sociétés depuis 1975. Internet n'est, en quelque sorte, que la pointe de l'iceberg d'un mouvement de transformations décisives de notre environnement social et économique sous l'impact de nouvelles fonctions attribuées à l'information et à la communication. L'arrivée de l'informatique, pendant les années 1940, puis l'émergence des technologies de l'information et de la communication, dans le dernier quart du XXe siècle, constituent des faits technologiques importants. Combinés à une réorganisation sociale du travail et à une restructuration du capitalisme à l'ère de la mondialisation, ces faits technologiques engendrent une transformation en profondeur de la société industrielle marquée par une vague d'automatisation du travail humain. Des ordinateurs de toutes formes, des machines informationnelles et cybernétiques effectuent en tout ou en partie des activités qui étaient jusque-là la responsabilité de personnes humaines. Les machines cybernétiques s'immiscent en tant que médiateurs et catalyseurs de changement dans les processus de production, de distribution, de consommation, de communication.

La société occidentale industrielle est entrée depuis quatre décennies dans une phase de transformation décisive. Les sociologues du XXIIe siècle utiliseront peut-être le vocable de « révolution » pour qualifier rétrospectivement le mouvement de changements dans la société industrielle actuelle. Ils parleront peut-être d'une révolution informationnelle (d'une mutation ?) de l'**industrialisme**. Il serait toutefois surprenant qu'ils parlent d'une « révolution Internet » parce que les changements sociaux, économiques, politiques et culturels que l'on peut associer aujourd'hui directement à ce nouveau dispositif de communication, pour importants qu'ils soient, ne représentent qu'une infime partie des transformations en cours et à long terme. Les sociologues du prochain siècle parleront sans doute plutôt du « moment Internet » dans cette vague de transformations de l'industrialisme par l'information et la communication. Le « moment Internet » aura été celui de la première interconnexion des réseaux numériques de la planète. Internet aura été une innovation levier dans le processus de réorganisation en réseau des entreprises dans la nouvelle société industrielle mondialisée. Les sociologues retiendront d'Internet qu'il aura été l'emblème de la société en réseau qui se consolida à l'orée du XXIe siècle.

Industrialisme

« Système qui donne une importance prépondérante à l'industrie dans la société (...). » *(Le Petit Robert)*

« Pas plus que l'industrialisme capitaliste, l'industrialisme socialiste, qui s'en est voulu la copie rationalisée, ne contient la réponse à la crise présente ni le remède à la faim et à la misère dans le tiers monde. Ni l'un ni l'autre ne peuvent être étendus à l'échelle planétaire, tant ils sont destructeurs de ressources naturelles limitées et d'équilibres nécessaires à la continuation de la vie. »

André Gorz, *Les Chemins du paradis. L'agonie du Capital*, Paris, Galilée, 1983.

Les médias ont souvent recours à l'expression « révolution Internet » pour décrire les changements qui s'opèrent dans la société. Si cette expression est trop forte, il n'en reste pas moins qu'Internet entraîne des modifications considérables dans la vie quotidienne de ceux et celles qui l'utilisent. Quels sont les principaux ordres de changement associés à Internet ?

Le premier ordre de changement est lié aux transformations des modalités d'expression, de communication, de publication et de diffusion. Outre la possibilité d'avoir des conversations interindividuelles hors des contraintes du temps et de la géographie, Internet rend immédiates la publication et la diffusion d'informations personnelles vers plusieurs millions d'interlocuteurs simultanément. Le fait constitue, en soi, une innovation. Et, surtout, le dispositif autorise un mode d'expression d'un nouveau type, la communication de groupe à groupe *(many to many)* en se servant des listes et forums de discussion.

Ces modes de communication entraînent un deuxième ordre de changement qui se situe sur le plan politique. L'utilisation des nouvelles voies de communication permet un espace public de discussion d'un genre particulier. Des observateurs ont indiqué que cet espace pourrait avoir des répercussions sur le processus démocratique : soit l'espace public fera émerger la parole des citoyens (actuellement faiblement représentée dans les médias) et assurera, par conséquent, une vigueur démocratique renouvelée ; soit le vocable « démocratie électronique » recouvrira des modalités de vote automatisé qui encourageront l'individualisation de la prise de décision et une diminution des délibérations publiques, pourtant nécessaires à la démocratie.

Le troisième ordre de changement concerne la notion de contrôle social ; il s'intéresse au pouvoir que les personnes conservent sur le déroulement de leur vie quotidienne au travail, quand elles consomment, quand elles se divertissent, ou dans leurs rapports avec les organisations. Depuis les années 1960, on a observé un mouvement continu de bureaucratisation de nos relations avec les entreprises et avec les agences gouvernementales. Le processus de bureaucratisation poursuit son cours tant qu'il s'ajoute des paliers administratifs dans les organisations qui s'intéressent à nos activités. Des observateurs, comme Andrew L. **Shapiro**, ont mis en évidence qu'Internet pourrait réduire de manière importante le nombre d'intermédiaires dans les transactions entre les personnes et les organisations (gouvernement et entreprises). Il rendrait une part d'autonomie aux citoyens et pourrait réduire le contrôle social exercé par les institutions.

*Andrew L. **Shapiro***
The Control Revolution.
How the Internet is Putting
Individuals in Charge
and Changing the World
We Know,
New York, Public Affairs,
Perseus Books Group,
1999.

Le quatrième ordre de changement touche à l'identité et à la subjectivité des internautes. L'utilisation d'Internet, en particulier la participation à des jeux interactifs dans des environnements virtuels, peut donner l'occasion à l'internaute de s'interroger sur sa propre identité. D'abord dans des jeux de rôle, en jouant et simulant d'autres identités, mais aussi en s'identifiant à de nouveaux « nous », c'est-à-dire des sujets collectifs constitués au-delà des frontières géographiques et susceptibles de créer des solidarités transversales, par exemple entre les membres de diasporas ou de minorités dispersées sur la planète. À travers ces pratiques, de nouvelles images de soi, de la société et du monde se construisent.

Le cinquième ordre de changement concerne les activités de création culturelle, d'éducation et d'apprentissage. Qu'il s'agisse de l'art-réseau, de la création multimédia s'appuyant sur la technologie des réseaux ou d'innovations en matière de téléapprentissage, Internet engendre une fascination chez de nombreux artistes autant que parmi les enseignants et les formateurs. À l'heure où la création culturelle et les activités ciblées de formation deviennent un levier pour la production de nouvelles valeurs dans l'économie, Internet pourrait susciter des expérimentations susceptibles de transformer l'éducation, l'art et la création.

Le sixième ordre de changement a trait aux conditions sociales d'exécution du travail humain. Internet participe au vaste mouvement contemporain de reconfiguration spatiale du travail dans les sociétés industrielles. La mise en réseau des membres d'une même organisation, autant que l'interconnexion des services ou succursales d'une même entreprise, participe à l'élaboration de pratiques de travail différentes, en particulier en ce qui a trait à la coordination et à la collaboration. La tendance est aux entreprises en réseau. Même si cela ne représente pas un mouvement important, bien que certains prospectivistes aient supposé il y a vingt-cinq ans que cela le deviendrait, la réalité du télétravail ne peut plus être niée : une partie importante du travail exécuté jadis dans les bureaux des entreprises s'est transformé en travail à domicile.

Bibliographie

Frédéric Lelièvre, « L'économie d'Internet », dans « L'Internet », *Cahiers français*, n° 295, Paris, 2000.

Le septième ordre de changement, et non le moindre, touche l'ensemble du fonctionnement de l'économie. Premièrement, compte tenu des transformations dans l'organisation du travail, on peut faire l'hypothèse que ce sont la structure, la production et les échanges entre les entreprises qui seraient affectés par le déploiement d'Internet. Deuxièmement, et c'est la partie la plus visible des changements de nature économique, Internet a transformé l'industrie de la vente par catalogue : le commerce électronique constitue désormais un canal original de distribution des biens et services, traditionnels ou non. Troisièmement, la multiplication des sites commerciaux sur la Toile a engendré de nouvelles formes de publicité visant les internautes. Après une période de tâtonnements dans les rapports entre les fournisseurs de biens et services et les serveurs où sont stockés les sites, un modèle économique semble émerger. Ce modèle est calqué sur celui des médias de masse (télévision, radio), où les entreprises serveurs vendent des audiences aux entreprises fournisseurs.

*

Nos incursions dans le monde d'Internet ont montré qu'il s'agit d'un phénomène dont l'ensemble des tenants et aboutissants sont loin de faire l'unanimité. La réalité du dispositif est tissée de contradictions et de paradoxes. Il reste, à chacun et à chacune d'entre nous, à trouver un sens à son utilisation d'Internet. Pendant que la pratique quotidienne de ce média accroît l'individualisme chez certains internautes, le même dispositif élargit, pour d'autres, les horizons de sociabilité et de communication. Encore une fois, il devient impossible de proposer des généralisations. Le sens que l'on attribue à une technique n'est pas contenu dans la technique même : ce sens et ces valeurs se trouvent d'abord en nous.

L'auteur remercie tous les internautes amis pour leurs commentaires et suggestions :
Thierry Bardini
Hélène Beauchamp
Michel Bélair
Danielle Bélanger
Fulvio Caccia
Lorraine Cadotte
Milton Campos
Bernard Conein
Dolores Correa Appleyard
Valérie Cousinard
Alain Farmer
Micheline Frenette
Pascal Froissart
Anne-Marie Gingras
Jacques Lajoie
Vincent Lesbros
Françoise Massit-Folléa
Dominique Meunier
Florence Millerand
Luc Morissette
Louise Poissant
Marc Raboy
Johanne Saint-Charles
Michel Sénécal
Michael Totschnig
Geneviève Vidal
André Vitalis

HISTOIRE D'INTERNET
Quelques dates à retenir

1958

Création de l'Advanced Research Projects Agency (ARPA) par le gouvernement des États-Unis.

1961

Leonard Kleinrock décrit la technique dite de la « commutation par paquets » *(pacquet-switching).*

1962

L'ARPA crée l'Information Processing Techniques Office (IPTO). Le premier directeur de ce nouveau département est Joseph Licklider. Dans un texte prophétique écrit avec Wesley Clark, il imagine une informatique conviviale dans laquelle les ordinateurs seraient reliés en réseau.

1966

Robert Taylor, deuxième directeur de l'IPTO, forme une équipe qui sera dirigée par Lawrence Roberts et qui aura pour objectif de créer un réseau d'ordinateurs fondé sur une architecture distribuée et utilisant la technique de la commutation par paquets. Ces travaux aboutiront à la mise en place d'Arpanet (1967), le réseau de l'ARPA, ancêtre d'Internet.

1968

La firme Bolt, Beranek & Newman (BBN), de Boston, livre le premier mini-ordinateur conçu comme relais de transmission *(Interface Message Processors* – IMP). Quatre équipes d'universitaires sont choisies pour constituer le noyau initial d'Arpanet : l'Université de Californie à Los Angeles (UCLA), le Stanford Research Institute (SRI), l'Université de Californie à Santa Barbara (UCSB) et l'Université d'Utah.

1969

Arpanet est devenu opérationnel. Les chercheurs utilisent un nouveau type de publication appelé *Request for Comments* (RFC), partie intégrante de la culture de collaboration et de coopération des premiers artisans du réseau.

1970

Un premier protocole de communication est rédigé par Steve Crocker, Vinton Cerf et Jon Postel, le Network Control Protocol (NCP).

1971

Ray Tomlinson, alors au service de la firme BBN, envoie un premier message de courrier électronique en empruntant le réseau Arpanet.

1973

Bob Metcalfe, à XEROX PARK (Palo Alto), met au point Ethernet, qui rend possibles les premiers réseaux locaux.

1974

En décembre, le protocole *Internet Transmission Control Program* (TCP), rédigé par Bob Khan et Vinton Cerf, voit le jour. C'est l'acte de naissance du réseau des réseaux. L'appellation « Internet » circule : c'est la contraction sémantique de *Internetworking of computers*. On scinde bientôt le protocole TCP *(Transmission Control Protocol)* en deux entités distinctes : IP *(Internet Protocol)*, consacré à l'adressage des paquets ; et TCP (devenu *Transfer Control Protocol*), dédié au contrôle du processus de transmission.

1976

Mike Lesk, des laboratoires Bell de AT&T, met au point le logiciel UUCP *(Unix to Unix Copy)* permettant la communication entre ordinateurs qui utilisent le système d'exploitation Unix. Dès 1977, un réseau Unix se met en place à l'échelle planétaire, UUCPnet sera l'ancêtre du Usenet.

1977

Cerf et Kahn réussissent une démonstration grandeur nature d'un Internet.

1979

Cent quatre-vingt-huit nœuds sont rattachés au réseau Arpanet. Avant et pendant la décennie 1980, de nombreux réseaux se constituent : réseau de la NASA, réseau du ministère de l'Énergie des États-Unis, Bitnet, NSFNet, EARN, etc.

1983

Arpanet adopte le protocole TCP/IP. La direction de l'Agence américaine des communications de défense (DCA) divise Arpanet afin d'isoler la partie militaire du réseau, qui devient Milnet, un réseau militaire secret. Cette décision annonce la fin prochaine d'Arpanet (1990) et la naissance définitive d'Internet.

1985

Les réseaux des communautés scientifiques de la planète se connectent progressivement au NSFNet, réseau de la National Science Foundation.

1991

Invention logicielle du World Wide Web. Les programmes que Tim Berners-Lee écrit, avec Robert Cailliau, de 1990 à 1994, donnent les éléments essentiels pour concevoir un premier serveur Web et un premier navigateur. Berners-Lee offre, en août 1991, ses programmes pour téléchargement gratuit.

1993

En 1993, un logiciel précurseur des navigateurs, appelé Mosaic, est rédigé par Marc Andreessen et distribué gratuitement aux adeptes de la micro-informatique.

1994

L'entreprise Netscape Communications voit le jour et distribue la première version de son Navigator. En août 1995, Microsoft offre Internet Explorer.

1995

Avec la diffusion rapide de ces deux navigateurs, c'est l'implantation du Web qui est assurée en même temps que se produit un grand bond en avant dans la diffusion d'Internet. Parallèlement, la National Science Foundation (NSF) arrête de subventionner Internet. Le réseau des réseaux entre dans une phase de développement proprement commerciale. C'est l'avènement d'un Internet grand public.

Index

TABLE DES MATIÈRES

– Dispositif de coopération en réseau – Société en réseau –
Fracture numérique

Accès démultiplié aux productions culturelles – Deux modèles pour l'acquisition des connaissances – Organisation
de l'information sur la Toile – Les bibliothèques à l'ère numérique – Identité fragmentée de l'internaute –
Cyberdépendance : faux diagnostic

Qu'est-ce qu'une communauté virtuelle ? – Figures contras-
tées de la communauté virtuelle – Le virtuel, l'actuel, le réel
– Communauté de pratique – Le mythe du face-à-face –
La réalité des échanges virtuels – Présence à distance

Le non-usage d'Internet – Quatre enjeux – Accessibilité –
Appropriation des technologies de l'information et de la
communication – Protection de la vie privée – Société de
surveillance – Propriété intellectuelle – Gouvernance –
Internet et la démocratie

LA RÉVOLUTION INTERNET EN QUESTION
est le cinquième titre de cette collection

Cet ouvrage
a été achevé d'imprimer en février 2004
sur les presses de l'Imprimerie Gagné/Transcontinental,
à Louiseville, pour le compte de Québec Amérique

Imprimé au Québec (Canada)